Hermann Abert
Robert Schumann

seVerus

Abert, Hermann: Robert Schumann
Hamburg, SEVERUS Verlag 2013
Nachdruck der Originalausgabe von 1903

ISBN: 978-3-86347-409-6
Druck: SEVERUS Verlag, Hamburg, 2013

Der SEVERUS Verlag ist ein Imprint der Diplomica Verlag GmbH.

Bibliografische Information der Deutschen Nationalbibliothek:
Die Deutsche Nationalbibliothek verzeichnet diese Publikation in der Deutschen Nationalbibliografie; detaillierte bibliografische Daten sind im Internet über http://dnb.d-nb.de abrufbar.

© **SEVERUS Verlag**
http://www.severus-verlag.de, Hamburg 2013
Printed in Germany
Alle Rechte vorbehalten.

Der SEVERUS Verlag übernimmt keine juristische Verantwortung oder irgendeine Haftung für evtl. fehlerhafte Angaben und deren Folgen.

Robert Schumann

VON

Hermann Abert

SEVERUS

NACH DEM GEMÄLDE VON E. BENDEMANN.
Verlag von Franz Hanfstaengl in München.

Inhaltsverzeichniss.

Vorwort 7
Jugendjahre 9
Zwischen Kunst und Wissenschaft 16
Davidsbund. Der Kampf um Clara 22
Reifezeit 32
Düsseldorf. Das Ende 43

Klavierkomponist und Kritiker 48
Das Lied 69
Chor- und geistliche Kompositionen 76
Orchester- und Kammermusik 82
Genoveva. Manfred. Faust 95

Anhang I. Anmerkungen . . . , ... 100
Anhang II. Verzeichniss der Werke Robert Schumanns . . 106

VORWORT.

Die Künstlererscheinung Robert Schumanns beginnt sich in unseren Tagen allmählich der Linie zu nähern, auf der der Musikforschung ein vorurtheilsfreies geschichtliches Urtheil ermöglicht wird. Schumann hat aufgehört, für uns ein Problem zu sein. Die Quellen, aus denen sein reicher Geist seine Nahrung gezogen, liegen klar vor unseren Augen; den belebenden Hauch, der seit seinem Auftreten unser modernes Musikleben durchweht, vermögen wir bis in seine feinsten Wirkungen zu verfolgen. Und vor Allem: dank der pietätvollen Sorgfalt seiner Gattin und des unermüdlichen Forschers F. Gustav Jansen haben wir auch über die Persönlichkeit des Künstlers Aufschlüsse erhalten, die, abgesehen von ihrer Ausführlichkeit, namentlich auch vermöge der geistigen Anregung, die dem Leser auf Schritt und Tritt geboten wird, zu den werthvollsten Besitzthümern der musikalischen Quellenkunde gehören. Welche Fülle edelsten Genusses bieten nicht Schumann's Briefe und Schriften dem Musikforscher, dem Literaturgelehrten, dem künstlerisch veranlagten Menschen überhaupt!

Dieses letztere Moment mag es denn auch entschuldigen, wenn in vorstehender Schrift der Versuch unternommen wird, die ausgedehnte Reihe der Schumann-Biographien noch um ein Glied zu erweitern. Es war das Bestreben des Verfassers, den Meister selbst soviel als möglich zu Worte kommen zu lassen, denn „Mensch und Musiker suchten sich immer gleichzeitig bei mir auszusprechen" — so lautet Schumann's eigenes Bekenntniss, das bei einer so nach Innen gekehrten Natur gewiss erhöhte Beachtung verdient.

Schumann's ungemein vielseitige Begabung hebt ihn von Anfang an über den Rahmen der engeren Musikgeschichte hinaus. Seine Stellung zu Jean Paul und zu E. T. A. Hoffmann fällt für seine eigene Entwicklung sowohl, wie für die gesammte Geistesgeschichte jener Zeit wohl kaum weniger schwer ins Gewicht, als etwa sein Verhältniss zu Schubert oder Weber. Seine Epoche gehört ganz offenkundig zu denen, deren geistige Kräfte in ihrer vollen Lebendigkeit nicht einseitig mit den Mitteln der musikalischen oder literarischen Forschung, sondern nur durch enges Zusammenwirken beider sich erkennen lassen. Die vorliegende Skizze hat es sich zur Aufgabe gemacht, speziell diesem Punkte einen höheren Grad von Aufmerksamkeit zu Theil werden zu lassen.

Dieser Standpunkt führt aber noch zu einer weiteren Erwägung, deren Richtigkeit der seither erfolgte Wandel der Anschauungen zu bestätigen scheint. Hatte man früher den Kompositionen grossen Stils, den Symphonien u. s. w. die meiste Bedeutung zugemessen, so beginnt man nunmehr dem Klavierkomponisten Schumann sein Augenmerk zuzuwenden. In der That hat derjenige nicht Unrecht, der, um Schumann's Eigenart an der Quelle zu studiren, sich in die Klavierkompositionen der Sturm- und Drangperiode versenkt. Hier suchen sich wirklich Mensch, Musiker und Dichter gleichzeitig auszusprechen; diese Werke sind Spiegelbilder nicht allein von Schumann's eigenen äusseren Erlebnissen, sondern von dem gesammten revolutionär-phantastischen Geist jener Periode überhaupt. Aus diesem Grunde ist ihnen auch in vorliegender Skizze ein breiterer Raum gegönnt worden.

Die erste Anregung zu dieser Arbeit ging vor einer Reihe von Jahren von Herrn Dr. Max Friedländer in Berlin aus, dessen Güte ich auch die Ueberlassung manches Autographen verdanke. Auch Herr Prof. Reimann hat mich in liebenswürdigster Weise mit Rath und That unterstützt. Die künstlerische Ausstattung verdankt das Buch zumeist den Schätzen der Berliner Kgl. Bibliothek, der Manskopf'schen Sammlung in Frankfurt a. M. und des Archivs der Gesellschaft der Musikfreunde in Wien. Zu grösstem Danke verpflichtet bin ich Herrn Oberbibliothekar Dr. Kopfermann in Berlin und Herrn Dr. E. Mandyczewski in Wien, welcher mir manches werthvolle Stück aus dem Nachlass von Joh. Brahms bereitwilligst zur Verfügung gestellt hat.

Berlin, August 1902.

Der Verfasser.

Ansicht von Zwickau.

Jugendjahre.

Ueber Robert Schumanns Kindheitsjahren lastet nicht der harte Druck widriger äusserer Verhältnisse, der die Darstellung des Lebens so mancher grosser Meister schon von Anbeginn an zu einer wahren Leidensgeschichte stempelt. Gleich Mendelssohn durfte auch er die Segnungen eines Elternhauses geniessen, dessen äussere Lebensstellung ihm die volle Entfaltung seiner Individualität ermöglichte. Nicht als ob er von Jugend auf direkte musikalische Anregung in seiner Familie empfangen hätte. Sein Vater, Friedrich August Gottlob Schumann, geboren den 2. März 1773 als Sohn eines bescheidenen Pastors zu Entschütz bei Gera, war nichts weniger als musikalisch. Trotzdem aber ist er eine Natur, die in mehr als einer Hinsicht ein ganz besonderes Interesse verdient. Ueberblickt man seinen Lebensgang, so treten manche Momente zu Tage, die eine überraschende Aehnlichkeit mit den Lebensschicksalen seines grossen Sohnes aufweisen. Auch er wurde in seinen jungen Jahren in einen seiner inneren Neigung durchaus ferne liegenden Beruf hineingedrängt. Statt zur Schriftstellerei, wohin ihn sein Talent und seines Herzens Stimme riefen, bestimmten ihn seine Eltern zum Kaufmannsstand. Allein der junge Lehrling konnte sich von den verbotenen literarischen Früchten nicht trennen, und als ihn die kaufmännische Laufbahn gar nach dem Musensitz Leipzig führte, da warf er die verhassten Fesseln ab und begann frisch und fröhlich darauf loszuschriftstellern. Aber der Erfolg blieb gänzlich aus und nach einer Zeit voll Trübsal und Entbehrung musste sich Schumann noch glücklich schätzen, als ihn der Buchhändler Heinse in Zeitz als Gehilfen annahm. In Zeitz gewann er die Liebe der Tochter seines Hauswirths, des Rathschirurgen Abraham Gottlob Schnabel, seiner späteren Gattin. Aber auch hierin erging es ihm wie später seinem Sohne: die Eltern des Mädchens wollten von der Verbindung nichts wissen, solange Schumanns pekuniäre Aussichten sich nicht besserten. Alsbald trat er aus seinem bisherigen Geschäft aus und erreichte es nach ungeheuren Anstrengungen, theils als Schriftsteller, theils als Inhaber eines Droguengeschäfts, dass er 1795 seine Braut heimführen und 1799 sich ganz dem Buchhandel widmen konnte. 1807 erfolgte dann die Uebersiedlung nach Zwickau, wo er mit einem seiner Brüder zusammen die Verlagsbuchhandlung der „Gebrüder Schumann" begründete. Sie bestand bis zum Jahr 1840. Die Werke, die sie in die Welt hinausgesandt hat, zeugen von der ungewöhnlichen Vielseitigkeit ihres Begründers; neben Klassikerausgaben, einem Wochenblatt, Uebersetzungen von Scott und Byron erschienen auch Sammelwerke, wie z. B. die „Bildergalerie der berühmtesten Menschen aller Völker und Zeiten", an der sich später auch der 14jährige Robert literarisch betheiligte.

So erscheint uns Schumanns Vater als ein scharf ausgeprägter, in den Kämpfen des Lebens gestählter Charakter, als ein Mann, dessen praktischer Sinn mächtig genug war, die Auswüchse seines nicht unbedeutenden künstlerischen Talents niederzuhalten, während ihn andererseits eben dieses Talent vor engherziger Verbissenheit und vor Pedanterie bewahrte.

Ihm führte das Schicksal in Johanna Christiane Schnabel eine Lebensgefährtin an die Seite, die, aus kleinstädtischen Verhältnissen erwachsen, sich weder an Verstand noch an Bildung über den Durchschnitt erhob, aber dafür einen reichen Schatz reiner Herzensgüte besass, der sich am schönsten in ihrem Verhältniss zu ihrem Sohne Robert entfalten sollte. Niemand wird ohne Rührung den Brief lesen, in dem das geängstigte Mutterherz die Zukunft des Sohnes, den es mit schwärmerischer Liebe umfängt und dessen Sehnen es doch nur halb mitfühlen kann, in die Hände des Lehrers Fr. Wieck befiehlt.[1])

Robert Schumanns Geburtshaus in Zwickau.
Nach einem anonymen Holzschnitt im Besitze der Gesellschaft der Musikfreunde in Wien.

Robert Alexander Schumann, geboren den 8. Juni 1810, war das jüngste unter fünf Geschwistern. Seine einzige Schwester Emilie wurde mit 20 Jahren das Opfer einer unheilbaren Geisteskrankheit, der einzige Fall, der sich in der Schumann'schen Familie vor der Katastrophe Roberts feststellen lässt.

Bei der anstrengenden Berufsthätigkeit des Vaters war es natürlich, dass Roberts Kindheitsjahre fast ausschliesslich der Mutter gehörten, die ihn denn auch, zumal als die ersten Funken seines Talents aufzuleuchten begannen, gründlich verhätschelte[2]). Auch seine Pathin, die Frau Bürgermeister Ruppius, that Alles, um dem Nesthäkchen der Familie Schumann jeden Wunsch an den Augen abzusehen. Mit dem Beginn des 6. Lebensjahres trat der Knabe in die Privatschule des Archidiakonus Dr. Döhner ein und bezog, von dort mit einer gründlichen Elementarbildung versehen, im Jahre 1820 das Gymnasium seiner Heimathstadt. Von diesem Zeitpunkte an treten die charakteristischen Umrisse seiner ausserordentlich vielseitig veranlagten Persönlichkeit immer deutlicher hervor. Neben seinen Schulstudien, in denen er ebenfalls seinen Mann zu stellen weiss, übersetzt er aus eigenem Antrieb Stücke aus den alten Dichtern, dichtet selbst, philosophirt, spielt emsig Klavier, komponirt — dem Schmetterling gleich

Robert Schumanns Geburtshaus in Zwickau.
Photographische Aufnahme.

flattert sein reichbegabter Geist von Blume zu Blume, überall nippend, überall bestrebt, ein neues Gebiet im Reiche des Schönen und Wissenswerthen zu erobern. Aber es zeigt sich zugleich auch ein gewisser Mangel an Konzentration des Denkens; die Fülle der ihm zuströmenden Ideeen reisst ihn nicht selten mit sich fort und kaleidoskopartig kreuzen sich in seiner Gedankenwelt die verschiedenartigsten Pläne, deren Ausführung darum auch nie über die ersten Ansätze hinausgekommen ist.

Dichtkunst und Musik waren die beiden Pole, zwischen denen sich die gesammte Jugendentwicklung Schumanns vollzog, und geraume Zeit schien es, als sollte die erstere den Sieg über ihre Schwester davontragen. Während die Ausbildung des musikalischen Talents, wie wir sehen werden, seitens der Eltern keine nachhaltige Förderung erfuhr, kam insbesondere der Vater, der in den dichterischen Neigungen seines Sohnes mit Freuden sein eigen Fleisch und Blut wiedererkannte, diesen mit aller Bereitwilligkeit entgegen. Sorgsam überwachte er die Lektüre des Knaben, erschloss ihm die Schätze seiner Buchhandlung und zog ihn schliesslich sogar zum Mitarbeiter an seinen eigenen literarischen Unternehmungen heran. Die Vorliebe für Scott und Byron z. B. mag schon damals vom Vater auf den Sohn übergegangen sein.

Ihren Höhepunkt erreichten diese Bestrebungen mit der Begründung eines literarischen Vereins, zu dem der 15jährige Schumann seine gleichgesinnten Kameraden einlud. Hainbund und Anakreontiker dienten diesem der „Einweihung in die deutsche Literatur" gewidmeten Kränzchen als Vorbild;

man las und erklärte Dichtwerke, besprach das Leben berühmter Dichter und kritisirte wohl ab und zu auch einen aus dem eigenen Kreise kommenden Versuch. Der Dichterflug des Gymnasiasten Schumann ging ausserordentlich hoch: neben vielem Lyrischen finden sich drei Dramen im hohen Stil und zwei Romane. Aber es war ein Ikarusflug; denn fast keines dieser Werke ist über die allerersten Anfänge hinausgediehen, so wenig als die zu gleicher Zeit in Angriff genommene „Aesthetik der Tonkunst". Sehr charakteristisch ist übrigens Schumanns Selbstbekenntniss in seinem Tagebuch: „Was ich eigentlich bin, weiss ich selbst noch nicht klar. Phantasie, glaub' ich, habe ich . . Tiefer Denker bin ich nicht, ich kann niemals logisch an dem Faden fortgehen, den ich vielleicht gut angeknüpft habe. Ob ich Dichter bin — denn werden kann man es nie — soll die Nachwelt entscheiden."

Das Hinneigen zur Poesie in früher Jugendzeit ist von entscheidender Bedeutung für Schumanns spätere künstlerische Entwicklung geworden. Es ist recht bezeichnend, dass nicht Mozart und Beethoven, sondern Leute wie Uz und Gleim das Ideal des jungen Schumann waren. Wohl ist späterhin die Entscheidung zu Gunsten des Musikers in ihm gefallen. Allein immer und überall ist die frühzeitig geweckte Dichterphantasie heimlich am Werke; sowohl dem Musiker, wie namentlich auch dem Kritiker Schumann sieht der Dichter beständig über die Schulter.

Ansicht von Zwickau.

Sehr stiefmütterlich ward die musikalische Erziehung des jungen Schumann bedacht. Zwar wurde schon in seinem 7. Lebensjahr, wohl auf Betreiben der Mutter, die diese Seite ihres Lieblings zuerst entdeckt haben mochte, mit dem Klavierunterricht begonnen. Schumanns erster Lehrer war ein etwas altfränkischer Schulmeister, der Baccalaureus Kuntsch vom Zwickauer Lyceum, der es nebenbei durch eigenen Fleiss bis zum Organisten gebracht hatte. Mag er auch die ungewöhnliche Begabung seines Schülers erkannt haben, so reichten doch seine eigenen Kenntnisse nicht aus, um auf denselben einen nachhaltigen und tiefgreifenden Einfluss auszuüben. Aber einmal angeregt, entwickelte sich das junge Genie mit erstaunlicher Schnelligkeit; insbesondere trug hierzu auch ein Besuch in Karlsbad bei, wo das Spiel des damals (1819) dort konzertirenden Moscheles einen unauslöschlichen Eindruck auf den Knaben machte. Schon mit 7 Jahren versuchte er sich in kleinen Tänzen, sowie auch in freier Phantasie; so porträtirte er eines schönen Tages auf dem Klavier das Wesen seiner Schulfreunde zu deren freudigster Ueberraschung; es ist, als ob sich hier der Komponist des „Carnaval" zum ersten Male ankündigte. Gross war die Freude Roberts, als er einen musikalischen Kameraden gewann, mit dem er 4händige klassische Symphonieen, Stücke von Weber, Czerny und Hummel spielen konnte. Ja es gelang ihm sogar, als Gegenstück zu seinem Lesekranz, ein kleines Orchester unter seinen Genossen zusammenzubringen, das er mit wahrem Feuereifer einexerzirte und sogar zur Aufführung eines eigenen Werks, des 150. Psalms für Chor und Orchester, heranzog.

Auch in weiteren Bekanntenkreisen liess sich Robert mit glänzendem Erfolg hören und in Kurzem war das verwöhnte Wunderkind über jede Konkurrenz in Zwickau erhaben. Kuntsch, um den sich Schumann anscheinend nie sehr viel bekümmert hatte und der wohl selbst allmählich zur Einsicht kommen mochte, dass er diesem Schüler gegenüber nicht der Mann sei, den Teufel festzuhalten, gab 1825 den Unterricht von sich aus auf.

Ignaz Moscheles.

Der Vater, der diese ganze Entwicklung aufmerksam verfolgt hatte, entschloss sich, trotz des Widerstands seiner Gattin, mit C. M. v. Weber in Dresden behufs Uebernahme des ferneren Unterrichts seines Sohnes Verhandlungen einzuleiten, die jedoch, wohl wegen Webers Abreise nach London, zu keinem Resultate führten. So geschah es, dass Schumann bis zum Beginn seiner Studentenzeit ohne systematischen Unterricht geblieben ist. Es war hauptsächlich seine Mutter, die sich nicht genug daran thun konnte, auf das traurige Künstlerloos selbst eines Mozart hinzuweisen, und den Sohn immer und immer wieder auf ein sicheres Brotstudium hinzulenken suchte. Sie sollte die Oberhand behalten, denn am 10. August 1826 starb der Vater, er, der noch kurz zuvor mit offenem Sinn, vielleicht auch seiner eigenen jungen Tage gedenkend, dem Talent des Sohnes freie Bahn zu geben sich entschlossen hatte. Es ist nicht mehr als natürlich, dass Schumann, nunmehr ausschliesslich dem Einfluss der Mutter und seines Vormunds, des Kaufmanns Rudel, unterworfen, vorerst sich selbst aller Künstlergedanken entschlug. Trat doch im selben Jahre noch ein zweites bedeutungsvolles Moment in sein Gemüthsleben: die erste Liebe, die sich sehr bezeichnender Weise binnen wenig Wochen auf zwei „Gegenstände" erstreckte. Hat auch keine dieser beiden Mädchengestalten[a]) — Nanni und Liddy mit Vornamen — den Siebzehnjährigen tiefer zu fesseln gewusst, so trug doch diese Schwärmerei, in Verbindung mit dem Verlust des Vaters, dazu bei, jenen innerlichen Prozess zu vollenden, der den heiteren lebenslustigen Knaben zum sinnenden, melancholischen Träumer wandelte. Schon jetzt gelangt da und dort jene schwermüthige Stimmung zum Durchbruch, die späterhin einen Hauptgrundzug seines Charakters bildete.

Carl Maria von Weber.
Nach dem Bilde von F. Heine.

Neue starke Eindrücke stürmten im folgenden Jahre auf ihn ein. Zunächst die Bekanntschaft mit der Gattin des Colditzer Arztes Dr. Carus, einer hochgebildeten Dilettantin, deren Gesang den jungen Schumann in einen förmlichen Taumel versetzte. Aus ihrem Munde vernahm er das erste Schubert'sche Lied, sie war es auch, die der jungen Brust die erste eigene Liedschöpfung entlockte.

Das Haus ihres Oheims in Zwickau, eines mit scharfem Blick für junge Talente begabten Mannes, war eine Hauptpflegestätte klassischer Kammermusik, ein Haus, wo nach Schumanns eigenen Worten[4]) „Alles Freude, Heiterkeit, Musik war." Es geschah jedenfalls in Folge der hier gefundenen Anregung, dass Schumann sich entschiedener wieder der Musik zuwandte.

Das zweite Hauptereigniss dieser Zeit, dasjenige, das seine Schatten über Schumanns gesammte künftige Lebensbahn werfen sollte, war die Bekanntschaft mit Jean Paul. Schumann ist wohl eines der lehrreichsten Beispiele für den merkwürdigen, faszinirenden Einfluss, den diese problematische Dichternatur auf ihre Zeit ausgeübt hat. Jean Paul tritt alsbald in den Brennpunkt von Schumanns gesammtem dichterischen wie auch musikalischem Schaffen. Stünde in den Jugendbriefen sein Name nicht fast auf jeder Seite, so könnte man aus Inhalt und Stil mit absoluter Sicherheit die geistige Sphäre des Schreibers erschliessen. Da finden wir einmal folgendes Glaubensbekenntniss[5]): „J. Paul nimmt noch den ersten Platz bei mir ein, selbst Schillern (Göthen versteh' ich noch nicht) nicht ausgenommen." Und ein andermal[6]): „Wenn die ganze Welt Jean Paul läse, so würde sie bestimmt besser, aber auch unglücklicher — er hat mich oft dem Wahnsinn nahe gebracht, aber der Regenbogen des Friedens schwebt immer sanft über allen Thränen und das Herz wird wunderbar erhoben und mild verklärt."

Jean Paul.

So steht Jean Paul für ihn auf derselben Stufe wie Shakespeare und Beethoven.[7]) Er lebt und webt in ihm, er bedroht schalkhaft seine Freunde, wenn sie nicht den „Titan" lesen,[8]) ja selbst, das Idealbild seiner Jugendliebe Liddy fühlt er zerrinnen, „wenn ich an die Reden denke, die sie über Jean Paul führte".[9]) Er schreibt selbst Jean Pauliaden,[10]) er besucht als Student Jean Pauls Wittwe in Bayreuth und lässt sich von ihr sein Bildniss geben.

Die Frage nach dem Einfluss Jean Pauls auf Schumanns künstlerische Thätigkeit wird später zu erörtern sein. Wie es im Menschen Schumann damals aussah, das zeigen am besten die ersten der uns erhaltenen Briefe, in denen er sein übervolles Herz mit echt Jean Paulscher Ueberschwenglichkeit offenbart.

Mittlerweile war das Abiturientenexamen herangekommen. Die Frage nach Roberts künftigem Lebensberuf musste entschieden werden. Die Entscheidung fiel, wie sie unter den obwaltenden Umständen fallen musste. Dem besorgten Drängen der Mutter nachgebend, entsagte Robert dem Künstlerberuf und liess sich am 29. März 1828 als stud. jur. an der Universität Leipzig immatrikuliren. Er traf hier seinen Gymnasialfreund Emil Flechsig wieder, mit dem er eine gemeinschaftliche Wohnung verabredete, sowie den Bruder seiner Schwägerin Therese, den stud. jur. Moritz Semmel, und durch dessen Vermittlung den stud. jur. Gisbert Rosen, eine Bekanntschaft, welche alsbald unter dem Zeichen Jean Pauls zu einem beiderseits mit schwärmerischer Liebe gepflegten Freundschaftsbund erwuchs. Rosen liess sich sogar bestimmen, dem Freunde nach Zwickau zu folgen, wo Schumann noch sein Abiturientenexamen abzulegen hatte; er war

Zeuge des Jubels im elterlichen Hause, als dieses mit dem glänzendsten Erfolge verlief. Nun begann für die beiden Freunde eine Zeit seligsten Schlaraffenlebens. Robert durfte den nach Heidelberg übersiedelnden Freund nach München begleiten, eine Reise, die die beiden jugendlichen Schwärmer zu einer Pilgerfahrt nach Bayreuth benützten, der geweihten Heimathsstätte ihres Abgotts Jean Paul. Von hier ging die Reise über Augsburg nach München. Hier öffnete ihnen eine Empfehlung von Schumanns Augsburger Bekannten den Zutritt zum Hause Heinrich Heines, der damals mit seinen vor Kurzem erschienenen Reisebildern und dem Buch der Lieder bereits die erste Staffel seines Ruhms erklommen hatte. Mehrere Stunden verlebte der junge Schumann bei dem Dichter, dessen Lieder zwölf Jahre darauf von seiner Hand eine neue, verklärende Weihe erhalten sollten.

In München schlug aber auch zugleich die Stunde der Trennung für die beiden Freunde. Nach schmerzbewegtem Abschied reiste Schumann nach Zwickau zurück, um von hier aus Mitte Mai nach Leipzig überzusiedeln. Es war ein schwerer innerer Konflikt, den er mit sich hinübernahm in die Studentenzeit; er ging denselben Pfad, den dereinst der junge Händel gewandelt. Ohne sich es selbst zu gestehen, war er innerlich fest entschlossen, sich der Kunst in die Arme zu werfen. Aber noch hielt ihn die zarte Scheu vor dem Willen der Mutter zurück. Erst der „eiskalten" Wissenschaft war es beschieden, ihn zur vollen Klarheit über den bedeutsamsten aller Lebensentschlüsse hindurchzuführen.

Robert Schumann im 21. Lebensjahre.
Nach einem Bilde aus dem Verlage von Breitkopf & Haertel.

Ansicht von Heidelberg.

Zwischen Kunst und Wissenschaft.

„Leipzig ist ein infames Nest, wo man seines Lebens nicht froh werden kann". Dies war der erste Eindruck des stud. jur. Schumann, den er am 5. Juni seinem Herzensfreunde Rosen in Heidelberg mittheilt.[11]) Es war natürlich, dass der innere Seelenkampf mit dem Besuch des ersten juristischen Kollegs in sein kritisches Stadium treten musste, und die Folge davon wiederum war ein Rückschlag auf die gesammte Gemüthsstimmung des Jünglings, der wohl anfänglich auch noch unter dem Heimweh nach dem Elternhaus leiden mochte. So gestalteten sich die Verhältnisse am Anfang in dem „öden" Leipzig für ihn keineswegs erfreulich. Die naive Lust der seligen Fuchsenzeit war ihm fremd; er trat zwar einer Verbindung „Markomannia" bei, aber es ist schwer zu sagen, wohin er mit grösserem Widerwillen ging, ins Kolleg oder auf Kommers und Fechtboden. Die einzigen Altersgenossen, mit denen er näheren Verkehr pflegte, waren Semmel und Flechsig, aber auch sie vermochten den fernen Rosen nur ungenügend zu ersetzen. So ist denn die Welt dem Achtzehnjährigen „ein ungeheurer Gottesacker eingesunkener Träume — ein Garten mit Cypressen und Thränenweiden, ein stummer Guckkasten mit weinenden Figuren".[12])

Vorlesungen besuchte Schumann in der ersten Zeit überhaupt noch nicht, erst auf das beständige Drängen seiner Mutter und die Ermahnungen seines Vormunds hin entschloss er sich zu einem regelmässigen, in seinen Augen „maschinenmässigen" Kollegbesuch.[13]) Es war dies um so anerkennungswerther, als sich durch alle seine Briefe aus dieser Zeit eine bittere Klage über die „eiskalte und trockene Jurisprudenz" hindurchzieht. Es war ein heroischer Kampf, den er mit dieser Wissenschaft kämpfte; dass er ihn so lange aushielt, erklärt sich aus seinem ausserordentlich raschen Auffassungsvermögen, das ihm das Studium von Kunst und Wissenschaft zugleich vergönnte. Für die Drangsale des Studiums hielt er sich reichlich schadlos bei Poesie und Musik. Erstere verkörperte sich für ihn immer noch vorwiegend in der Gestalt Jean Pauls, dessen Bild neben denjenigen seines Vaters und Napoleons sein Zimmer zierte[14]) und dem er mit der Dichtung eigener „Jean Pauliaden" emsig nacheiferte. Jean Pauliaden sind auch die Briefe aus jener Zeit, es sind Bekenntnisse einer schwärmerischen Jünglingsseele, die trotz allen Gefühlsüberschwanges doch genug echte Poesie offenbaren, um auch dem nüchternen Geschlecht der Gegenwart gegenüber ihrer Wirkung sicher zu sein.[15])

Aber die Dichtung tritt mehr und mehr zurück gegen die Tonkunst. Hier war, zur selben Zeit wie Jean Paul, ein Künstler in seinen Gesichtskreis getreten, der einen ähnlichen Einfluss auf seine Entwicklung haben sollte: Franz Schubert. Es waren jedoch weniger Schuberts Lieder, die Schumann damals begeisterten, sondern seine 2- und 4 händigen Klavierkompositionen. Offenbar von ihnen empfing er die Anregung zu eigener kompositorischer Thätigkeit: es fallen in jene Zeit acht 4 händige Polonaisen, sowie Variationen für Klavier, die aber dem Druck nie übergeben wurden.

Im höchsten Grade folgenschwer sollte für Schumann die Erneuerung einer schon in Zwickau gemachten Familienbekanntschaft werden. Die Familie des Dr. Carus war aus Colditz nach Leipzig übergesiedelt und die kunstsinnige Frau hatte hier binnen Kurzem einen Kreis von Künstlern um sich versammelt, der so manche interessante Persönlichkeit in sich schloss. So lernte Schumann hier Marschner kennen, ferner den Braunschweiger Kapellmeister G. Wiedebein,[16]) dessen Lieder Schumann derart begeisterten, dass er ihm alsbald eine eigene Liedersammlung zur Begutachtung einsandte. Wiedebeins Antwort fiel dermassen günstig aus, dass Schumann in seinem Entschluss, sich der Kunst zu widmen, aufs Neue bestärkt wurde, freilich ohne irgend Jemand davon noch ein Sterbenswort zu sagen. Im Gegentheil, nach wie vor zeigt sich in den Briefen an die Mutter eine gewisse verzagte Zurückhaltung hinsichtlich des Themas Musik; es wird meist nur flüchtig gestreift, während ihm in den Briefen an sonstige Verwandte und die Freunde ein ziemlich grösserer Raum gewidmet wird.

Aber noch ein anderes Band spann sich im Hause Carus an, das den Menschen Schumann für sein ganzes Leben fesseln und auch

Heinrich Marschner.

den Künstler zu der Höhen seines Genius emporleiten sollte: es war die Bekanntschaft mit Friedrich Wieck[17]) und seiner damals 9 Jahre alten Tochter Clara. Wieck selbst stand damals im 43. Lebensjahr (geb. 18 Aug. 1785). Ursprünglich zum Theologen bestimmt, hatte er die Musik zuerst nur nebenher betrieben, bis es ihm gelang, in Leipzig eine Klavier- und Musikalienleihanstalt zu gründen. Er konnte dieses Geschäft bald wieder eingehen lassen, da er mit der Erziehung seiner Töchter Clara und Marie sich zu einer klavierpädagogischen Berühmtheit ersten Ranges emporgeschwungen hatte.

Seine ältere Tochter Clara Josephine war am 13. September 1819 zu Leipzig geboren. Bereits in ihrem 5. Lebensjahr begann ihr Vater mit dem Klavierunterricht. Seine vernünftige, das Talent des Schülers niemals forcirende

Lehrmethode brachte es so weit, dass Clara schon nach 4 Jahren zum ersten Male öffentlich auftreten und nach 6 Jahren ihre erste Konzertreise unternehmen konnte. Ihre Ausbildung blieb auch fernerhin eine durch und durch harmonische; sie ging nicht einseitig nach der Seite des Virtuosenhaften, sondern umfasste auch das gesammte Gebiet der theoretischen Studien, ja einige Zeit sogar Violinspiel und Gesang.

Als Schumann sie kennen lernte, stand sie im neunten Lebensjahr. Was hn damals für sie einnahm, war selbstverständlich lediglich die Hochachtung vor ihren schon damals ziemlich bedeutenden Leistungen und die Bewunderung vor der Lehrmethode ihres Vaters, die ihn schliesslich auch veranlasste, diesen um Theilnahme an dem Unterricht zu bitten. So erhielt Schumann, nachdem er lange Jahre hindurch auf sich selbst, sein eigenes künstlerisches Urtheil und Gewissen angewiesen

Friedrich Wieck.

gewesen, nunmehr als Student den ersten rationellen Unterricht. Es ist sehr bezeichnend, dass er sich nur die rein klaviertechnische Seite desselben zu Nutze machen wollte und jede Mahnung Wiecks zum Studium der musikalischen Theorie hartnäckig zurückwies; noch damals war er felsenfest davon überzeugt, dass ihn sein Gehör aller theoretischer Studien überhebe.

Wichtiger als dieser schon im Februar 1829 wieder abgebrochene Unterricht war der Kreis von Gesinnungsgenossen, den Schumann in jener ersten Leipziger Zeit immer fester um sich zu scharen begann, Persönlichkeiten, von denen wir den meisten bei den Davidsbündlern wieder begegnen werden. Es waren hauptsächlich Julius Knorr, der spätere berühmte Klavierpädagog, Glock, nachmals Bürgermeister in Ostheim bei Meiningen, endlich Täglichsbeck, welcher schon damals Kapellmeister des Fürsten von Hohenzollern-Hechingen war. Ein für Schumann selbst unschätzbarer Gewinn aus diesem gemeinsamen Musiziren war die damit verbundene Förderung seiner Kenntnisse in der Kammer-

Friedrich Wieck, seiner Tochter Unterricht ertheilend.
Gyps-Skizze von Gustav Kietz, 1860.

musik; sie trug eine sichtbare Frucht in dem schon genannten E moll-Quartett für Klavier und Streichinstrumente, das leider seitdem verschollen ist. Das geistige Patronat über die Vereinigung hatte Franz Schubert, dessen vor Kurzem erfolgtes Hinscheiden von den Genossen mit leidenschaftlicher Wehmuth betrauert wurde. Zu gleicher Zeit aber tritt nunmehr ein zweiter Meister in Schumanns künstlerischen Gesichtskreis, der fortan sein schwärmerisch angebetetes Ideal bis ans Ende bilden sollte: Johann Sebastian Bach. Das Studium dieses Meisters ersetzte ihm geraume Zeit hindurch den fehlenden musiktheoretischen Unterricht, indem es dem unruhigen Geiste, der nur allzusehr geneigt war, die ihm reichlich zufliessenden Ideen in wirrer Formlosigkeit zerflattern zu lassen, wohlthätige Zügel anlegte.

Marie Wieck.
Nach einem Stich von A. Weger, im Besitze des Musikhistorischen Museums Fr. Nic. Manskopf in Frankfurt a. M.

Ostern 1829 beabsichtigte Schumann die Universität Heidelberg zu beziehen, angeblich um des berühmten Rechtslehrers Thibaut willen, in der That aber der reizenden Lage des Städtchens und vor Allem seines dort weilenden Busenfreundes Rosen wegen. Seine Stimmung hatte sich im Laufe des Leipziger Semesters bedeutend gehoben; das junge Studentenblut forderte auch bei dem träumerischen Jüngling Schumann seine Rechte. Schon der Abschied von Leipzig war ihm in Anbetracht einer „schönen, heiteren, frommen, weiblichen Seele",[18]) die die seinige gefesselt hatte, recht schwer geworden, aber der Schmerz ging rasch vorüber, zumal da in den Ferien bei den Verwandten in Zwickau und Schneeberg Bälle und Konzerte in übergrosser Fülle seiner harrten. Am 11. Mai ging's unter der Reisebegleitung von Willibald Alexis nach Heidelberg, hinein ins „Blüthenleben". Und in der That, hier inmitten der idyllischen Poesie des Neckarthales, wo ihm im Vergleich zu der Nüchternheit des nordischen Lebens Alles in einer „sanften, singenden provençalischen

Clara Wieck.
Nach einer Lithographie von ?. Brand, im Besitze der Gesellschaft der Musikfreunde in Wien.

Tonart"[19]) zu schweben scheint, geniesst er in vollen Zügen alle Reize des Studentenlebens. Mit Rosen und Semmel, der ebenfalls einige Zeit dort zubrachte, im Verein durchstreift er die herrliche Umgebung, macht das gesellige Leben in ausgedehntem Umfange mit, arbeitet wenig und — das untrüglichste Zeichen des Studenten — leidet an chronischem Geldmangel; kurz, es war, wie er selber später gesteht, eine „wüst-freie Weltansicht",[20]) der er mit seinen Genossen während dieses Blüthenjahres huldigte. Sehr bezeichnend für den sorgenlosen Optimismus des Jünglings ist, dass er sich eine kurze Spanne Zeit lang sogar für die Jurisprudenz begeisterte, eine Wendung, die durch die Autorität Thibauts, des Verfassers des 1825 erschienenen berühmten Werkes „Ueber die Reinheit der Tonkunst" veranlasst war. Thibaut selbst freilich sah schärfer, sein wissenschaftlich wie künstlerisch gleich geschultes Verständniss erkannte bald, dass diesen Schüler der Himmel zu keinem Amtmann geboren hatte. Er gab denn auch schliesslich Schumann den Rath, die Wissenschaft endgültig mit der Kunst zu vertauschen.

Um so mehr Eindruck auf Schumann machten die Aufführungen Händelscher Oratorien, die Thibaut jeden Donnerstag bei sich zu Hause veranstaltete. „Ich weiss oft nicht, wie ich Lump zu der Ehre komme, in einem solchen heiligen Hause zu sein und zu hören".[21]) Andererseits aber konnte er sich mit den persönlichen Ansichten Thibauts über Musik keineswegs befreunden; sie kamen dem jugendlichen Feuergeist einseitig und pedantisch vor.

Am Schlusse des Sommersemesters glückte es ihm, von seinem Vormund die Geldmittel zu einer Reise nach Oberitalien herauszuschlagen. Sie führte ihn zunächst nach Mailand und von hier über Verona und Padua nach Venedig. Es war eine richtige Studentenreise voll überquellendem Jugendmuth, dem selbst der Geldmangel, Schumanns treuer Begleiter auch im Süden, keinen Abbruch zu thun vermochte. So wenig er sich im Allgemeinen von dem Musiktreiben der Italiener angezogen fühlte, so tief war der Eindruck, den in Mailand Rossini und die berühmte Pasta auf ihn machten; bei ihrem Gesang war es ihm, als liesse ihn „Gott auf einige Augenblicke in sein Angesicht sehen".

Nach der Rückkehr aus Italien warf sich Schumann mit erneutem Eifer auf das Klavierspiel und war in Kurzem der erklärte Liebling aller musikliebenden Familien Heidelbergs, die er namentlich durch sein freies Phantasiren unwiderstehlich mit fortriss. Ja auch vor einem grösseren Kreise liess er sich hören: in einem Konzert des „Museums" führte er die Variationen über Moscheles' „Alexandermarsch" vor mit einem Erfolge, der alsbald die ehrenvollsten Anträge zum Auftreten in Mannheim und Mainz nach sich zog. Schumann lehnte sie ab; ihn drängte es gerade in jener Zeit, auch seiner eigenen Schöpferthätigkeit zu ihrem Rechte zu verhelfen. Es entstanden damals neben einigen Ansätzen zu Symphonieen mehrere kleine Klavierstücke, die späterhin in den Papillons (op. 2) gedruckt wurden (No. 1, 3, 4, 6 und 8). Der Anfang des Jahres 1830 brachte ausser den Anfängen eines Klavierkonzerts die Variationen über den Namen „Abegg", die 1831 als op. 1 im Druck erschienen, sowie die erste Fassung der später umgearbeiteten und als op. 7 veröffentlichten Toccata.

Ostern 1830 sollte die Stunde des Abschieds von Heidelberg schlagen. Schumann fühlte, dass der entscheidende Wendepunkt seines Lebens da war. Hatte sich doch während des Heidelberger Aufenthalts für ihn das Gleichgewicht zwischen Kunst und Wissenschaft dermassen zu Ungunsten der letzteren verschoben, dass er einer endgültigen Auseinandersetzung mit sich selbst und mit

Handschrift Clara Wieck's.
Antwort an die Gesellschaft der Musikfreunde in Wien auf die Wahl zum Ehrenmitglied dieser Gesellschaft, in deren Besitze sich das Original dieses Briefes befindet.

Land verursachen, und welche mir vor allem die österreichische Kaiserstadt, in Wien, wann übel Wien mit seinem überaus musikalischen Publikum, zu Theil werden ließ. Sollte mein Schicksal nicht anders bestimmt, so werde ich künftig in Wien leben und wirken. — Ist es nicht unverbittlich, so werde ich wenigstens über kurz oder lang daselbst Besuche meiner ferneren Abwesenheit ablegen, und dann, meine Herren, werden Sie mir gütigst Gelegenheit geben, Ihnen meine Verehrung, meinen Dank und meine Erkenntlichkeit, in Ihrem brausenden Landern nach Kräften mitzuwirken, öffentlich an den Tag zu legen. Der Himmel beschütze das Ihren Kaiserpaar, das schöne Wien, und Ihnen Ihr schönes musikalisches Wirken.

Ich bin mit der aufrichtigsten Verehrung

Leipzig
d. 29/6 1838.

Ihr
Dankbarster
Clara Wieck.

seinen Angehörigen nicht mehr länger aus dem Wege gehen konnte. Er erbat sich darum eine Verlängerung seines Heidelberger Aufenthaltes, um Zeit zur Lösung dieses Zwiespalts zu gewinnen. Seine Bitte wurde gewährt, und der Aufenthalt in Heidelberg noch über den ganzen Sommer dieses Jahres ausgedehnt. An Ostern trat ein für Schumanns weitere Entwicklung hochbedeutsames Ereigniss ein: Paganini gab ein Konzert in Frankfurt, und Schumann beschloss alsbald, mit seinem Freunde Töpken hinzueilen. Der Eindruck, den Paganinis Persönlichkeit und Spiel auf Schumann machte, war tief und nachhaltig; er spiegelt sich äusserlich wieder in seiner Bearbeitung Paganinischer Capricen für Klavier, und es mag als so gut wie sicher gelten, dass Schumann damals den späterhin kundgegebenen Entschluss fasste, sich der Virtuosenlaufbahn gänzlich in die Arme zu werfen.

In einem Briefe vom 30. Juli[22]) erfolgte endlich die entscheidende Mittheilung an seine Mutter. Er gesteht ihr darin, dass sein „ganzes Leben ein Kampf zwischen Poesie und Prosa - oder nenn' es Musik und Jus —" gewesen. „Folg' ich meinem Genius", fährt er fort, „so weist er mich zur Kunst, und ich glaube, zum rechten Weg". Nochmals legt er ihr die ganze Alternative dar und bittet sie am Schlusse inständig, Friedrich Wiecks Meinung über seinen Lebensplan einzuholen und die Entscheidung ihm anheimzustellen; denn, schliesst er: „jedenfalls muss die Frage bis Michaelis entschieden werden, und dann soll's frisch und kräftig und ohne Thränen an das vorgesteckte Lebensziel gehen."

Die Mutter war über diese Eröffnungen aufs Tiefste bekümmert; sah sie ihn doch nach fast dreijährigem Studium, das den grössten Theil seines Vermögens verschlungen hatte, den Schritt thun, vor dem ihr schon so lange gebangt hatte. Trotzdem aber, und trotz der Einsprache ihrer drei anderen Söhne entschloss sie sich, doch dem Wunsche ihres jüngsten Kindes zu willfahren und ein Schreiben an Fr. Wieck abzusenden, dessen Schlussworte zu charakteristisch für das innige Verhältniss zu ihrem Sohne sind, als dass sie hier übergangen werden dürften. Sie lauten:

Willibald Alexis.

„Auf Ihrem Ausspruch beruht Alles, die Ruhe einer liebenden Mutter, das ganze Lebensglück eines jungen, unerfahrenen Menschen, der blos in höheren Sphären lebt und nicht ins praktische Leben eingehen will. Ich weiss, dass Sie die Musik lieben — lassen sie das Gefühl nicht für Roberten sprechen, sondern beurtheilen seine Jahre, sein Vermögen, seine Kräfte und seine Zukunft. Ich bitte, ich beschwöre Sie als Gatte, Vater und Freund meines Sohnes, handeln Sie als redlicher Mann! und sagen Sie unumwunden Ihre Ansichten, was er zu fürchten - oder zu hoff.n hat."

Wieck, der sich über Schumanns glänzende Begabung längst im Klaren war, entschied zu seinen Gunsten, ohne ihm jedoch die Schwierigkeiten und den Ernst des neuen Studiums, insbesondere desjenigen der Theorie, zu verhehlen. Daraufhin gab die Mutter ihren Widerstand auf. Schumann selbst war überglücklich. Nach einer kurzen Exkursion nach Strassburg traf er Anstalten, um im Herbst 1830 wieder nach Leipzig überzusiedeln. Er hatte sich, dem Zuge der Zeit folgend, entschlossen, die Virtuosenlaufbahn einzuschlagen.

Zeichnung von Max Klinger: „Der Mensch im Wettlauf mit der Zeit."

Davidsbund. Der Kampf um Clara.

Leipzig, die einstige Wirkungsstätte Johann Sebastian Bachs, erfreute sich auch zur Zeit von Schumanns Eintreffen eines regen Musiklebens. Seit den Tagen von Heinrich Schütz bis auf die Zeit, da Wien die Führung übernahm, war das kleine Gebiet des heutigen Königreichs Sachsen das klassische Land der deutschen Musik gewesen, und gerade in den ersten Jahrzehnten des vorigen Jahrhunderts erfolgte hier, zum Theil gestützt auf die alten Traditionen, ein neuer Aufschwung. Die beiden Hauptplätze Dresden und Leipzig theilten sich gewissermassen in die Aufgabe. Während in Dresden das Interesse an der dramatischen Musik vorwaltete und C. M. v. Weber nach erbittertem Kampfe den Feldzug gegen die italienische Oper endlich zu Gunsten der deutschen entschied, war Leipzig die Stadt der klassischen Chor- und Orchesterinstitute. Neben dem altberühmten, damals unter dem Kantor Weinlig, dem nachmaligen Lehrer R. Wagners, stehenden Thomanerchor besass Leipzig noch eine Singakademie, sowie einen Musikverein für weltliche und geistliche Vokalmusik, beide Institute unter Leitung von Aug. Pohlenz. Der Orchestermusik diente der Verein „Euterpe" unter C. G. Müller, sowie vor Allem die am 25. November 1781 von Joh. Adam Hiller begründeten Gewandhaus-Konzerte, die in jener Zeit ebenfalls unter der Leitung von Pohlenz standen, bis im Jahre 1835 Mendelssohn an ihre Spitze trat.

Heinrich Dorn.

Neben all diesen zum Theil altberühmten Instituten spielte das Leipziger Theater eine verhältnissmässig geringe Rolle; immerhin darf es hier nicht übergangen werden, zumal da in jener Zeit Heinr. Dorn die Stellung eines Musikdirektors bekleidete, ein Mann, der, wie wir sehen werden, später grossen Einfluss auf Schumanns künstlerische Entwicklung gewann.

Schumann bezog nach seiner Ankunft in Leipzig, Herbst 1830, eine Wohnung im Hause Wiecks und warf sich nun mit einem wahren Feuereifer unter dessen Anleitung auf das Klavierspiel. Aber eben dieser Eifer sollte ihm verhängnissvoll werden. Der gewöhnliche Weg zur Erlangung einer möglichst brillanten Fingerfertigkeit war ihm zu langwierig; vermittelst einer selbsterfundenen Mechanik suchte er die Unabhängigkeit der Finger von einander in kürzerer Zeit zu erreichen. Die Folge dieses Experiments war die vollständige Lähmung des rechten Mittelfingers und damit die Unmöglichkeit, das vorgesteckte Ziel zu erreichen. Wiederum stand Schumann an einem bedeutsamen Wendepunkt seines Schicksals: die Laufbahn des Virtuosen hatte er sich selbst verschlossen, es blieb ihm nichts übrig, als sich nunmehr ganz und gar der Komposition in die Arme zu werfen. Der Klavierunterricht bei Wieck musste natürlich abgebrochen werden; dafür stellte sich aber immer deutlicher das Bedürfniss nach einer systematischen Unterweisung in der musikalischen Theorie heraus. Wohl hatte sich Schumann im Verlaufe seiner bisherigen kompositorischen Thätigkeit

Der Marktplatz in Leipzig.

die nöthigsten Kenntnisse des musikalischen Satzes erworben. Den Beleg dafür liefern die Kompositionen des Jahres 1831, die „Papillons" (op. 2), seinen drei Schwägerinnen gewidmet, und das später als op. 8 gedruckte Allegro, und nur schwer wollte sich Schumann — trotz all seiner Verehrung für Bach — zu der Ansicht bekehren, dass zum Komponisten doch noch etwas Anderes gehöre, als blosses Gehör und musikalischer Instinkt. Es macht daher seiner Energie alle Ehre, dass er den Entschluss fasste, sich an Heinrich Dorn mit der Bitte um theoretischen Unterricht zu wenden. Dorn, der seine Laufbahn nachmals als Hofkapellmeister in Berlin beschloss und stets in regen Beziehungen zum Kunstleben stand, war ein tüchtiger, erfahrener Musiker; dass Schumann sich durch seinen systematischen Unterricht in hohem Masse gefördert fühlte, beweist die dankbare Anhänglichkeit, die er seinem alten Lehrer noch in späteren Jahren entgegenbrachte. Gaben ihm die Geheimnisse des Generalbasses und strengen Satzes anfänglich auch manche harte Nuss zu knacken, so hob ihn doch bald sein rasches Auffassungsvermögen und sein eiserner Fleiss über alle Schwierigkeiten hinweg und er errang sich allmählich die Herrschaft über alle Ausdrucksmittel des polyphonen Satzes, aus denen er erst seinen eigenen, so wunderbar verschlungenen Stil zu bilden vermochte.

Das Jahr 1831 ist aber auch noch nach einer andern Richtung hin von Bedeutung, nämlich als der Beginn von Schumanns schriftstellerischer Thätigkeit. Es ist ein eigenartiges Spiel des Zufalls, dass sowohl die erste als auch die letzte kritische Arbeit Schumanns einem jungen, aufstrebenden Genie gewidmet ist. Diese sollte späterhin, im Jahre 1853, den Ruhm des jungen Johannes Brahms begründen, jene galt einem Erstlingswerk des neu auftauchenden Chopin, seinen Variationen über Là ci darem aus Mozarts Don Juan. Die in phantastischen Lobeserhebungen sich ergehende Besprechung ist namentlich auch deshalb von Interesse, weil sich hier zuerst die beiden späterhin so bedeutungsvollen Gestalten Florestan und Eusebius finden.

An im Jahre 1832 entstandenen Kompositionen sind zu nennen die zwei Hefte Intermezzi (op. 4), die Uebertragung von 6 Violin-Capricen Paganinis für Klavier (op. 3), sowie der erste Satz einer unbekannt gebliebenen Symphonie in G-moll, den er bei Gelegenheit eines Besuchs in der Heimath Zwickau in einem Konzert der 13 jährigen Clara Wieck von dem dortigen Orchester zu hören bekam. Dem ersten folgten noch zwei weitere Sätze, die aber nie zur Aufführung gelangten.

In Leipzig, wohin er von seiner Reise zu den Zwickauer und Schneeberger Verwandten im März 1833 zurückgekehrt war, vertauschte er seine Wohnung im Hause Wiecks, mit dem er auch fortan in intimem Verkehr blieb, mit einer Sommerwohnung in Riedels Garten. Hier entfaltete sich alsbald ein reges musikalisches, wie namentlich auch gesellschaftliches Leben, das mitunter auch einen ziemlich übermüthigen Charakter annahm. In jener Zeit entstand eine zweite Serie von Bearbeitungen Paganinischer Violincapricen, eine Neubearbeitung der 1830 komponirten Toccata und die Impromptus über ein Thema von Clara Wieck (op. 5). Aber das harmlose Treiben der jungen Freunde fand ein jähes Ende durch den Tod seiner Schwägerin Rosalie, der Schumann in die furchtbarste Erregung versetzte. Auf eine hochgradige Exaltation, verbunden mit den qualvollsten Beklemmungen, folgte ein Zustand „fürchterlichster Melancholie"[23]) und vollständiger Apathie, die nur langsam von ihm zu weichen begann. Ein neuer Freundschaftsbund war es, der ihm die innere Ruhe wiedergab und die Kraft zu erneuter Thätigkeit verlieh: die Beziehungen zu dem talentvollen Stuttgarter Musiker Ludwig Schunke, der im Dezember von Wien nach Leipzig übersiedelte.

So brach das Jahr 1834 an, das Schumann selbst „das merkwürdigste seines Lebens" nennt.[24]) Das bedeutsamste Ereigniss bildete die Begründung der „Neuen Zeitschrift für Musik", deren erste Nummer am 3. April erschien. Sie ging hervor aus einem Kreise gleichgesinnter, um Schumann gescharter Genossen, von denen Schunke, Wieck, Ortlepp und die uns schon bekannten Knorr und Dr. Glock als die ersten auf den Plan traten; in der Folgezeit schlossen sich immer mehr hervorragende Persönlichkeiten an, vor Allem Carl Banck, der sich durch zahlreiche Aufsätze und rege Betheiligung an der Redaktionsthätigkeit grosse Verdienste erwarb. Die Tendenz der Zeitschrift richtete sich gleichermassen gegen die damals herrschende Kunst wie gegen die Kritik. Hinsichtlich jener sollte sie „die ältere Zeit anerkennen, die nächst vergangene als eine unkünstlerische bekämpfen, die kommende als eine neue poetische vor-

Nach der Lithographie von Kriehuber. Vorlage im Besitze der Gesellschaft der Musikfreunde in Wien.

bereiten und beschleunigen helfen"[25]). „Der Jugend und der Bewegung" in der Kunst galten die Bestrebungen des neuen Bundes[26]); sie richteten sich in erster Linie gegen die leichten, gehaltlosen Salonkompositionen im Geiste eines Herz und Hünten, die damals eine grosse Gefahr für den Geschmack des Publikums bildeten. Zugleich aber sollte auch der saft- und kraftlosen Kunstkritik, wie sie damals namentlich von Fink, dem Redakteur der „Allgemeinen musikalischen Zeitung", geübt wurde, ein Riegel vorgeschoben werden. Die Idee der Begründung einer derartigen Vereinigung war nicht neu; sie war bereits dem Kopfe C. M. v. Webers entsprungen, der im Jahre 1810 mit der Schöpfung des „harmonischen Vereins" ähnliche Bestrebungen verfolgte, nur dass Weber, in dem der musikalische Schöpferdrang doch die schriftstellerischen Neigungen weit überwog, nicht zur Verwirklichung seiner Absichten gelangte. Schumann hat mit seinem „Davidsbunde" diese Bestrebungen Webers zum Ziele geführt. Allerdings ist zuzugestehen, dass für den Musiker Schumann die Pflege der Musikschriftstellerei keineswegs von so grossem Vortheil war, wie man wohl annehmen könnte. Mag er auch fortan durch seine kritische Thätigkeit dazu angehalten worden sein, über Wesen und Ziele seiner Kunst selbstständig nachzudenken, so wurde doch ebendadurch seine eigentliche künstlerische Schöpferkraft in ihrer Entfaltung gehemmt. Ganz abgesehen von dem grossen Zeitverlust, war es das mit der schriftstellerischen Thätigkeit gegebene reflektirende Element, das der ursprünglichen, naiven Entwicklung seines Talentes hindernd in den Weg trat. Komponist und Redakteur lagen sich daher auch die ganze Zeit über in den Haaren[27]), und der endgültige Triumph des ersteren über den letzteren ist auch für das Leben Schumanns, dieses gebildetsten und gemüthvollsten aller musikalischen Schriftsteller, ein schlagender Beweis dafür, dass das schöpferische Genie seine Bestrebungen in erster Linie nicht durch Worte durchsetzt, sondern durch Thaten.

Der jugendfrische, energische Ton der Zeitschrift verfehlte seine Wirkung auf das Publikum nicht. Sie fand sehr rasch eine weite Verbreitung und der Kreis ihrer Mitarbeiter vergrösserte sich immer mehr. Aber auch die Gegner rüttelte sie aus ihrer Lethargie auf. „Bündler rechts, Bündler links, Figaro hier, Figaro da", schrieb Fink im selben Jahre, ... „bis jetzt aber sind wir noch auf dem Platze und haben Lust, ein Wörtchen mitzureden, und zwar ordentlich". Es entstand eine gereizte Polemik zwischen den beiden Zeitungen, die begreiflicherweise auch die Kompositionen Schumanns in Mitleidenschaft zog: sie wurden seit 1834 seitens der „Allg. Zeitung" einfach totgeschwiegen.

Wir sind schon mehrere Male der Davidsbündleridee begegnet. Sie ging Hand in Hand mit der Begründung der Zeitschrift und kennzeichnet sich als eine echte Schöpfung der an Jean Paul grossgezogenen Dichterphantasie Schumanns, der seine Gedanken gerne in ein mystisches, mit allerlei geheimnissvollen Anspielungen durchwobenes Gewand einkleidete. Florestan, Eusebius und Meister Raro finden sich schon in dem Chopin-Artikel von 1831, nunmehr treten sie mit ihren Genossen als „Davidsbündler" auf den Plan. Der Name entspricht der Tendenz der Zeitschrift, die der Bekämpfung jeglichen Philisterthums galt; die Namen Florestan und Eusebius aber verkörpern die beiden in Schumanns Brust wohnenden Seelen. Der Gedanke liegt sehr nahe, dass die erste Anregung zu dieser Idee von dem Brüderpaar Walt und Vult in Jean Pauls „Flegeljahren" ausging. Hinter Florestan verbirgt sich die kraftvoll vorwärtsstürmende, männliche, hinter Eusebius die mehr innerliche, weibliche Seite seiner Künstlernatur; Meister Raro endlich, hinter dem man wohl nicht mit Unrecht einige Züge Fr. Wiecks vermuthet, sollte die Verschmelzung beider zu einer höheren Einheit darstellen. Dieser phantastischen Zergliederung von Schumanns eigenem Ich entsprach nun auch die weitere Ausgestaltung der Davidsbündleridee. Die Fülle wechselnder Stimmungen, die seine Seele fortwährend bewegten, veranlasste ihn zur Schöpfung der verschiedenartigsten Kunstcharaktere, die er zu Vermittlern seiner Gedanken erkor. Da und dort mögen wohl die Züge eines seiner Freunde hervorleuchten; der Hauptsache nach jedoch war der ganze Davidsbund seine ureigenste Schöpfung, er „existirte nur in dem Kopf seines Stifters."[28]) Die Idee stand geraume Zeit im Mittelpunkte seines gesammten Denkens. Sie ist wirksam in seiner kompositorischen Thätigkeit, sie offenbart sich in dem eine Zeit lang gehegten Plane eines Romans „Die Davidsbündler", ja es gab sogar eine Zeit, wo Schumann beabsichtigte, dem Bunde ein wirkliches Leben, mit äusserlichen Abzeichen, zu geben.[29]) Wie stark seine Dichterphantasie am Werke war, zeigen am besten die Berichte aus den „Büchern der Davidsbündler", die zum Theile wirkliche Blüthen einer reizvollen Novellistik sind.[30])

Das zweite wichtige Ereigniss dieses Jahres war die Bekanntschaft mit einer jungen Dame, Ernestine von Fricken, die aus ihrer Heimath, dem an der böhmisch-sächsischen Grenze gelegenen Städtchen Asch, nach Leipzig übergesiedelt war, um bei Wieck Klavierunterricht zu nehmen. Obwohl weder besonders schön, noch hervorragend geistig begabt, entfachte sie doch in dem jungen Künstler eine glühende Leidenschaft, die ihrerseits vollkommen erwidert wurde und in Kurzem zu einer förmlichen Verlobung führte. Zu gleicher Zeit lernte Schumann eine zweite Dame kennen, Henriette Voigt, die hochgebildete Gattin eines Leipziger Kaufmanns, bei der ihn sein Freund Schunke eingeführt hatte. Auch zu ihr trat der damals gemüthlich stark erregte Schumann in ein schwärmerisches Freundschaftsverhältniss, (er nennt sie einmal eine „As dur-Seele"),[31]) das bis zu ihrem frühen Tode (1839) anhielt.

Das Verhältniss zu Ernestine spiegelt sich auch in den Kompositionen dieses Jahres wieder: es sind die „Études symphoniques" (op. 13), Variationen über ein Thema von Ernestinens Vater, sowie vor allem der 1835 vollendete „Carnaval. Scènes mignonnes sur 4 Notes pour Piano, op. 9," dasjenige Werk, das uns Schumanns gesammte Denk- und Schaffensweise wohl unter allen am getreusten wiederspiegelt.

Der Carneval, den Schumann selbst merkwürdigerweise schon bald nach seiner Entstehung ziemlich abfällig beurtheilte[32]), erregte nach seiner Veröffentlichung das hohe Interesse Franz Liszts, der ihn sogar in gewisser Hinsicht über Beethovens Diabelli-Variationen stellte und ihm einen Ehrenplatz in seinen Konzertprogrammen einräumte, ohne indessen anfänglich den erhofften äusseren Erfolg damit zu erzielen.

Das Ende des Jahres 1834 brachte für Schumann den schmerzlichen Verlust seines treuen Freundes Schunke, der am 7. Dezember seinem Brustleiden erlag. Zugleich schieden Wieck und Knorr aus der Redaktion der Zeitschrift aus und es folgten im Anschlusse daran

Ludwig Schunke auf dem Todtenbette.
Nach einem Bilde aus dem Verlage von Breitkopf & Haertel, Leipzig.

ärgerliche Differenzen mit dem Verleger Hartmann, die mit der Zahlung einer Abstandssumme an diesen und mit der alleinigen Uebernahme der Zeitschrift durch Schumann endigten.

Das Jahr 1835 verlief äusserlich ruhig; den Komponisten Schumann zeigt es uns von einer neuen Seite mit der „Pianoforte-Sonate, Clara zugeeignet von Florestan und Eusebius" (Fis moll op. 11) und der G moll-Sonate (op. 22, Henriette Voigt gewidmet). Dagegen wurde das folgende Jahr, 1836 für Schumann von der allerhöchsten Bedeutung: es brachte ihm den Verlust seiner Mutter (am 4. Febr.), die Lösung seines Verhältnisses zu Ernestine und die allmählich immer stärker aufkeimende Neigung zu der damals 17 jährigen Clara Wieck. Die Beziehungen zu Ernestine waren mehr und mehr erkaltet; welcher der äussere Anlass zu der offiziellen Lösung des Verhältnisses im Januar 1836 war, entzieht sich unserer genaueren Einsicht; sicher ist nur, dass beide Theile in Freundschaft auseinandergingen.

Der intime Verkehr Schumanns mit Wieck hatte sich seit langer Zeit naturgemäss auch auf dessen hochbegabte Tochter erstreckt. Schon im Jahre 1832 schreibt er: „Wir sind wie Geschwister" [33]). Der Ton seiner Briefe an sie aus den Jahren 1833—36 nimmt an Vertraulichkeit stetig zu. Im Laufe des Sommers 1835 zeigen sich die ersten Anzeichen der aufkeimenden Liebe; Clara erscheint ihm „täglich, ja stündlich, innerlich wie äusserlich reizender"; [34]) und ein auf der Zwickauer Post abgefasster Brief setzt die entscheidende Erklärung zwischen Beiden bereits voraus.

Es war der Beginn eines jahrelangen Kampfes um den Besitz der Geliebten mit deren Vater, der sich nach Kräften der ohne sein Wissen abgeschlossenen Verbindung widersetzte, eines Kampfes, der die Liebenden stetig zwischen höchster Lust und bitterster Resignation hin und her schleuderte, der aber auch zugleich in Schumann den Mann sowohl als auch den Künstler zur höchsten inneren Reife bringen sollte. Der Hauptgrund, den Wieck der Verbindung der beiden entgegensetzte, war wohl — abgesehen davon, dass er seine allzujugendliche Tochter noch nicht aus der Hand geben wollte — die noch keineswegs gesicherte Lebensstellung Schumanns. Als daher dieser im Vertrauen auf die Liebenswürdigkeit und Herzlichkeit, die ihm „der Alte" im äusseren Verkehr immer noch entgegenbrachte, im September 1837 brieflich um Claras Hand anhielt, erhielt er eine entschiedene Absage. Die tiefe Niedergeschlagenheit, welche dieser Bescheid in seiner Seele hervorrief, wich indessen bald dem Entschlusse, durch Verbesserung seiner äusseren Lebensstellung alle Hindernisse aus dem Wege zu räumen. Er hoffte, dieses Ziel durch die Verlegung der Zeitschrift nach Wien zu erreichen, und versprach sich von dieser Veränderung eine beträchtliche Erweiterung seines Wirkungskreises.

Auch die Kompositionen dieser Zeit spiegeln die erregte Stimmung wieder, worein Schumann die Entwicklung seiner Herzensangelegenheit versetzt hatte: vor allem die von Leidenschaft durchglühte Phantasie in C-dur (op. 17), dann das „Concert sans Orchestre" (op. 14), endlich die „Phantasiestücke" (op. 12) und die „Davidsbündlertänze" (op. 6) aus dem folgenden Jahr.

Die auf Wien gesetzten Hoffnungen sollten sich nicht erfüllen. Der Verlegung der Zeitschrift thürmten sich von Anbeginn an, namentlich von Seiten der österreichischen Zensur, unüberwindliche Hindernisse entgegen und so musste denn Schumann nach langen Verhandlungen im April 1839 wieder unverrichteter Dinge nach Leipzig zurückkehren. Aber seiner inneren Entwicklung war der Wiener Aufenthalt ausserordentlich förderlich. Zwar das lebensfrohe Wienerthum erschien ihm nach näherer Bekanntschaft fade und allzu oberflächlich; trotz seiner Bewunderung für die Oper suchte er die Künstler vergebens, die „ganze Menschen sind und Shakespeare und J. Paul verstehen".[35]) Aber für die gesammte Musikwelt im höchsten Grade bedeutsam sollte sein Besuch bei Franz Schubert's Bruder werden. Hier entdeckte er nämlich in dem Nachlass des von ihm so schwärmerisch verehrten Meisters eine ganze Reihe unbekannter Manuskripte, darunter auch die grosse C-dur-Symphonie. Alsbald setzte er sich mit der Firma Breitkopf & Härtel wegen der Herausgabe derselben in Verbindung; die Symphonie übersandte er Mendelssohn in Leipzig, welcher sie in einem Gewandhaus-Konzerte am 12. Dezember 1839 zu Gehör brachte. Schumann, der der ersten Probe beiwohnte, schrieb voll Entzücken an seinen Freund Becker aus Freiberg: „Es ist das Grösseste, was in der

Friedrich Wieck.
Nach einem Stich von A. Weger, im Besitze des Fr. Nic. Manskopfschen Musikhistorischen Museums in Frankfurt a. M.

Instrumentenmusik nach Beethoven geschrieben worden ist; selbst Spohr und Mendelssohn nicht ausgenommen!"[36]) Auch eine äussere Auszeichnung wurde ihm damals zutheil: die Universität Leipzig übersandte ihm das philosophische Doktor-Diplom.*)

Jnzwischen hatte sich das Verhältniss zwischen Schumann und Wieck aufs Schärfste zugespitzt. Die Stimmung des letzteren wurde immer

---

*) Vgl. das Faksimile auf S. 31.

erregter, immer mehr steigerte er sich in den Widerstand gegen die Verbindung der beiden jungen Leute hinein. Als alle in Güte unternommenen Vermittlungsversuche scheiterten, da riss auch Schumann die Geduld. Er rief die Hilfe des Gerichts an. Wieck's Gründe wurden für unerheblich erklärt, aber trotzdem dauerte es bis zum 1. August 1840, bis der richterliche Consens eintraf — eine für die Liebenden unsäglich qualvolle Zeit, in der namentlich auch Schumann's schöpferische Thätigkeit schwer gelähmt war. Endlich, am 12. September 1840, fand die so schwer erkämpfte Verbindung in der Kirche des nahe bei Leipzig gelegenen Dorfes Schönefeld statt. Die Vereinigung mit der Geliebten eröffnet für Schumann in jeder Hinsicht eine neue Lebensphase.

Leipzig, den 10ten März 1840.

Lieber Wolfgang,

erlaubt Sie, das heutige Fest mit der Zueignung
eines Liedes scherzend zu machen, und empfiehlt
ihm überhaupt seinen Neffen.

Freundschaftlich ergeben
Dr. Robert Schumann

Brief Robert Schumanns.
Nach dem Original im Besitze von Dr. Max Friedländer in Berlin.

Clara und Robert Schumann.
Nach dem Relief von Rietschel.

Die Reifezeit.

Mit dem Jahre 1840, der Vereinigung mit Clara, schliesst das Kapitel „Sturm und Drang" in Schumanns Leben. Die wechselvollen äusseren und inneren Kämpfe sind zu Ende; unter der treuen Obhut seiner Gattin, die fortan alle Widerwärtigkeiten des Alltagslebens mit ängstlicher Fürsorge von ihm fernhält, verläuft sein Leben von jetzt an in behaglicher Ruhe und ohne bemerkenswerte äussere Einschnitte. Mit der Abkehr von der Aussenwelt spinnt sich sein Geist mehr und mehr in das innerliche Traumleben ein und aus den Tiefen seiner unerschöpflichen Phantasie steigen neue Gebilde empor, an Empfindungsgehalt ihren Vorgängern ebenbürtig, an formeller Gestaltung ihnen überlegen — seine Lieder, die kostbare Morgengabe, die er seiner Gattin mit in die Ehe brachte. Hatte Clara Wieck die bedeutendsten Klavierkompositionen veranlasst, so war es die junge Clara Schumann, der wir den reichen Liederschatz des Jahres 1840 verdanken. Nicht weniger als 138 Gesangskompositionen weist dieses Jahr auf, darunter gerade die berühmtesten, wie den „Liederkreis von H. Heine" (op. 24), die „Myrthen" (op. 25), „Frauenliebe und Leben" (op. 42), die „Dichterliebe" (op. 48) und Andere mehr. Wieder eine neue Entwicklungsphase zeigt das nächste Jahr 1841, wo Schumann plötzlich mit drei grossen symphonischen Schöpfungen hervortritt. Es sind die jugendfrische B dur-Symphonie (op. 35, die „Frühlingssymphonie"), ferner die (später umgearbeitete) Symphonie in D-moll (op. 120) und die ursprünglich „Sinfonietta" genannte Suite: „Ouvertüre, Scherzo und Finale" op. 52 [87]). Im Jahre 1842 treffen wir Schumann auf dem Gebiete der Kammermusik. Er schuf in der

Seit ich ihn gesehen
Glaub' ich blind zu sein — —

Paul Thumann

Aus Chamisso's „Frauenliebe und -Leben", illustriert von Paul Thumann.
Verlag von Adolf Titze in Leipzig.

kurzen Zeit von 8 Wochen die drei Streichquartette op. 41, darnach das berühmte Klavierquintett (op. 44) und dessen ebenbürtiges Schwesterwerk, das Klavierquartett in Es dur (op. 47), endlich die Phantasiestücke für Pianoforte, Violine und Violoncell (op. 88).

Das folgende Jahr brachte Schumann, der bis dahin nur seinem kompositorischen und schriftstellerischen Schaffen gelebt hatte, ein neues Arbeitsfeld, nämlich seine Berufung an die am 2. April unter Mendelssohn's Leitung eröffnete Leipziger Musikschule, als Lehrer für Pianofortespiel, Kompositionsübungen und Partiturspiel. Es ist sehr bezeichnend, dass dieser neuen Thätigkeit in den Briefen nur sehr flüchtig Erwähnung geschieht. Schumanns in sich gekehrtes Wesen machte ihn von vornherein zum Lehrer untauglich, und seine Schüler thaten gut daran, sich an sein künstlerisches Vorbild zu halten, statt an das, was er ihnen während des Unterrichts mittheilte — bezw. nicht mittheilte. Zudem nahmen ihn gerade zu jener Zeit seine Kompositionen vollständig in Anspruch, dergestalt, dass sogar der Gedanke an den Rücktritt von der Zeitschrift allmählich immer festere Gestalt gewann. Der äussere Erfolg, mit dem er in früheren Jahren so hart zu kämpfen gehabt, begann sich ebenfalls einzustellen; ein gesundes Selbstbewusstsein erfüllte ihn und beflügelte stetig seine Phantasie. Zum ersten Male trat er mit einem Werke grossen Stils an die Oeffentlichkeit; am 4 Dezember 1843 erlebte „Das Paradies und die Peri" (als op. 50 veröffentlicht) unter seiner persönlichen Leitung die erste Aufführung. „Ein Oratorium, aber nicht für den Betsaal, sondern für heitere Menschen — und eine Stimme flüsterte mir manchmal zu, als ich schrieb: dies ist nicht ganz umsonst, was Du thust," so lautet sein eigenes Zeugniss über das Werk [88]). Den Text dazu hatte er schon zwei Jahre vorher, als Uebersetzung von Thomas Moore's „Lalla Rookh", von seinem alten Freund Flechsig zugesandt bekommen und sich schon damals warm dafür begeistert. Der Erfolg war zündend; das Werk fand überallhin, selbst über den Ozean, die rascheste Verbreitung.

Trotzdem Schumanns Stärke und persönliche Neigung nicht auf dem pädagogischen Gebiete lag, zeitigte seine Thätigkeit an der Musikschule dennoch Ideen, die von einem tiefen Einblick in die musikalischen Bedürfnisse der Zeit zeugen. Vor allem ist es der Gedanke an eine Herausgabe der gesammelten Werke

Das alte Leipziger Conservatorium.

J. S. Bach's, der damals zuerst bei Schumann auftauchte und der seine Verdienste um die Wiederbelebung Bachs nicht minder gross erscheinen lässt als die Mendelssohns.

Mit Letzterem trat Schumann seit Begründung der Musikschule naturgemäss in noch engeren Verkehr als vorher und es ist angezeigt, hier auf das äussere Verhältniss Beider zu einander einen flüchtigen Blick zu werfen. Was Schumann betrifft, so weht uns aus all seinen Briefen ein Hauch echter und warmer Begeisterung für Mendelssohn entgegen. Unter allen lebenden Komponisten stellt er ihn am höchsten. Er blickt zu ihm empor „wie zu einem Gebirge" [89]). Und Mendelssohn? Thatsache ist, dass er Schumann jederzeit in echt kollegialer Weise unterstützte, seine Kompositionen ohne Weiteres zur Aufführung brachte und auf seine Intentionen nach jeder Richtung hin einging. Thatsache ist aber auch, dass in Mendelssohns Briefen der Name Schumann nur flüchtig gestreift wird. Der Mann, der sonst mit seinen persönlichen Empfindungen, auch weit kleineren Geistern gegenüber, nicht hinter dem Berge hielt, findet kein herzliches Wort, das auch nur als ein schwacher Widerhall von Schumanns Begeisterung gelten könnte.

Zwischenträgereien aller Art fehlten begreiflicherweise ebenfalls nicht, und Schumann klagt einmal darüber, es sei ihm hinterbracht worden, dass Mendelssohn es nicht aufrichtig mit ihm meine [40]). Allein man wird auch hier gut daran thun, auf die Unbefangenheit der beiderseitigen Anhänger nicht allzugrosses Gewicht zu legen. Wenn etwas die beiden Meister trennte, so war dies ihr verschiedenes Naturell und ihr verschiedener Bildungsgang. Mendelssohn, mit C. M. v. Weber der erste vollendete Typus des modernen Musikers, ein Künstler von ausserordentlicher gesellschaftlicher Gewandtheit und in steter Fühlung mit der Aussenwelt, der verhätschelte Liebling Aller, war das entschiedenste Widerspiel einer Natur wie Schumann, deren Reich nicht von dieser Welt war, die sich mehr und mehr von der Aussenwelt zurückzog, um ganz dem innerlichen Schauen und Schaffen zu leben. Die Initiative im Verkehr Beider fiel somit Mendelssohn zu. Er that, wie er unter solchen Umständen thun musste. Der Person Schumanns begegnete er mit Zurückhaltung, dem Künstler gegenüber, dessen Grösse er wohl zu würdigen verstand, wahrte er den korrekten Standpunkt der Kollegialität.

Die Gleichmässigkeit in Schumanns Leben wurde 1844 durch eine grössere Kunstreise unterbrochen, welche das Ehepaar über Mitau und Riga nach Petersburg führte. Für Clara war die Reise ein Triumphzug; sie spielte sogar in den Salons der russischen Kaiserin. Auch in Moskau gab sie drei Konzerte und Beide trafen dann Anfangs Juni wieder in Leipzig ein.

Während der russischen Reise hatten sich so manche Veränderungen in

Scherzo aus der F-moll-Sonate (op. 14) von Robert Schumann.
Verkleinerung des Original-Manuskriptes, im Besitze der Gesellschaft der Musikfreunde in Wien.

Schumanns persönlichen Beziehungen vorbereitet. In erster Linie war es die Aussöhnung mit seinem Schwiegervater Fr. Wieck, die einen wunden Punkt seines Familienlebens beseitigte. Dass diese Aussöhnung eine vollständige gewesen, wird man bei dem Charakter beider „Hartköpfe" kaum annehmen dürfen. Indessen wurde doch immerhin der namentlich für Clara überaus peinliche Zwiespalt so viel als möglich gemildert.

Ferner aber führte Schumann seinen schon länger gehegten Plan, die Redaktion der Zeitschrift andern Händen zu übergeben, nunmehr endgiltig aus. Schon 1838 hatte er bekannt, dass er „nur gezwungen Buchstaben, und am liebsten gleich Sonaten und Symphonien" schreibe[41]). Nunmehr trug der Komponist über den Redakteur den Sieg davon. Ende 1844 ging die Redaktion an Oswald Lorenz, Anfang 1845 an Franz Brendel über.

Aber noch ein Umstand beschleunigte diese Entwicklung der Dinge, nämlich der Anfall einer schweren Nerven- und Gemüthskrankheit, deren Folgen Schumann

Felix Mendelssohn-Bartholdy.
Vorlage (Zeichnung von Elias) aus dem Musikhistorischen Museum des Herrn Fr. Nic. Manskopf in Frankfurt a. M.

lange nicht zu überwinden vermochte. Das tragische Schicksal seines organischen Leidens klopfte nunmehr vernehmlich an seine Thüre. „Finstere Dämonen" beherrschten ihn[42]); Schlaflosigkeit, qualvolle Todesfurcht stellten sich ein, als er sich eben in die Komposition von Goethes Faust zu versenken begonnen. Auch ein quälendes Gehörsleiden gesellte sich dazu; Schumann hörte zuerst beständig einen Ton, später ganze Motive, deren unstätes Umherflattern vor seinem Geiste ihn unaufhörlich beunruhigte[43]).

Der Arzt rieth zur Uebersiedelung nach dem gesünderen Dresden. Da auch Clara von diesem Wechsel eine Erweiterung ihrer Thätigkeit erhoffte, so wurde diesem Rate im Herbst Folge geleistet. Allein hier gelangte die Krankheit zu ihrem vollen Ausbruch. Monatelang, bis ins Frühjahr hinein, war an keine Arbeit zu denken und erst allmälich stellte sich unter liebevollster Pflege die alte Schaffensfreude wieder ein, leider von nun an nie mehr ganz ungetrübt. Denn die „melancholischen Fledermäuse", wie er sie selbst scherzhaft nennt[44]), haben von jener Zeit das Heim des unglücklichen Künstlers nicht mehr verlassen. Vorerst drängten jedoch Energie und Schöpfungskraft die trüben Gedanken noch in den Hintergrund. Auch der Verkehr mit Freunden, wie Ferd. Hiller, Rob. Reinick, Berth. Auerbach und Andern wurde wieder aufgenommen; in Dresden selbst begann sich Schumann heimisch zu fühlen und bewies reges Interesse an dem öffentlichen Musikleben. Er selbst vertiefte sich in diesem Jahre besonders in kontrapunktische Studien, als deren Früchte vor Allem die sechs Orgel-Fugen über den Namen Bach (op. 60), ferner die 4 Klavierfugen (op. 72) anzusehen sind. Aber auch die Stücke für den Pedalflügel (op. 56 und 58) weisen auf das Bach'sche Vorbild hin. Daneben entstanden noch das Klavierkonzert in A-moll (als op. 54 veröffentlicht), und endlich die Skizze zu der grandiosen C dur-Symphonie (op. 61, vollendet 1846). Im Gegensatz zu

Bleistiftskizze aus Robert Schumanns Notizbuch (Dresden 1846).
Vorlage im Besitze der Gesellschaft der Musikfreunde in Wien.

der Fruchtbarkeit dieses Jahres erwies sich das nächste, 1846, als sehr wenig ergiebig. Ausser der Vollendung der Symphonie kamen nur noch die Chorlieder (op. 55 und 59) zustande. Die Ursache davon waren neben seinem körperlichen Befinden verschiedene Kunstreisen. In Wien und in Prag wurde das Schumann'sche Ehepaar der Gegenstand begeisterter Ovationen, dagegen brachte ihm in Berlin eine an der Singakademie persönlich dirigirte Aufführung infolge verschiedener misslicher Nebenumstände nur mässigen Erfolg; es dauerte daraufhin längere Zeit, bis Schumanns Kunst im Norden Eingang fand. Der dritte Ausflug, im Juli 1847, galt seiner Vaterstadt Zwickau, die ihren berühmten Sohn durch ein kleines Musikfest ehrte. Schumann dirigierte seine C dur-Symphonie, das Klavierkonzert (von Clara gespielt) und das Chorlied op. 84. Der Jubel seiner Mitbürger wollte kein Ende nehmen, sie brachten ihm und seiner Gattin sogar einen solennen Fackelzug dar.

Berthold Auerbach.

Durch diese mannigfachen Zerstreuungen und Beweise der Anerkennung von allen Seiten wurde Schumann zu neuer Thätigkeit ermutigt. Auch einen äusseren praktischen Wirkungskreis hatte er sich geschaffen. Nachdem er schon 1846 die Direktion der Männer-Liedertafel an Stelle des nach Düsseldorf berufenen Ferd. Hiller übernommen hatte, begründete er im Januar 1848 einen eigenen Verein für gemischten Chor. Diese zweifache Thätigkeit verhinderte den zu befürchtenden vollständigen Abschluss von der Aussenwelt und wirkte dadurch auch segensreich auf seinen inneren Zustand zurück.

Die Jahre 1847—50 bezeichnen eine ungemeine Steigerung in Schumanns Produktion. Es ist, als ob sein Geist, das traurige Los der Zukunft instinktiv vorausahnend, sich bestrebte, die reiche Ernte des Tages noch vor Einbruch des Dunkels unter Dach zu bringen. Es entstanden in der Dresdener Zeit in jenen Jahren an grösseren Werken die Oper „Genoveva" (op. 81), die Musik zu Byron's „Manfred" (op. 115), der grösste Theil der „Faustszenen", die beiden Pianoforte-Trios in D moll (op. 63) und F dur (op. 80), das „Requiem für Mignon" (op. 98b), die „Romanzen und Balladen für gemischten Chor" (op. 67 und 75), die Romanzen für Frauenstimmen (op. 69 und 91), das „Adventlied" und das „Neujahrslied" (op. 71 und 114) von Rückert, daneben eine Menge Lieder, Klaviersachen und einige andere Instrumentalwerke, die „Bilder aus

Dresden.

Osten" (op. 66), das „Album für die Jugend" (op. 68), das „Spanische Liederspiel" (op. 74), das „Deutsche Minnespiel" (op. 101) und als Kuriosität das Konzert für vier Hörner mit Orchester (op. 86).

Von allem diesem erweckt die Oper Genoveva das grösste Interesse. Schon im Jahre 1830 hatte der Jüngling an eine Oper „Hamlet" gedacht, voll von Träumen von Ruhm und Unsterblichkeit [45]). Der Gedanke blieb unausgeführt, aber Anfangs 1840 stellten sich die Opernpläne wieder ein. Und zwei Jahre darauf schrieb er bereits an C. Kossmaly: „Wissen Sie mein morgen- und abendliches Künstlergebet? Deutsche Oper heisst es. Da ist zu wirken." [46])

Die Wahl des Stoffes bereitete Schumann schwere Stunden. Sein Projektierbuch weist eine Unmenge von Sujets auf, von denen hier nur die interessantesten angeführt seien. Wir treffen da: Faust, Till Eulenspiegel, Nibelungen, Wartburgkrieg (auch an einen Lohengrin-ähnlichen Stoff dachte Schumann), Sakuntala, Maria Stuart u. A. Wir sehen, dass diese Stoffe gleichsam in der Luft lagen — hatte sich doch auch Weber eine Zeitlang mit der Idee eines „Tannhäuser" getragen.

Die Entscheidung erfolgte 1847, als Schumann Hebbel's Drama „Genoveva" kennen lernte. Der Eindruck auf ihn war so gewaltig, dass er den Stoff unter gleichzeitiger Heranziehung der „Genoveva" Tieck's zu einer Oper zu verarbeiten beschloss. Mit der Abfassung des Textes wurde Robert Reinick betraut, der sich jedoch vergeblich abmühte, Schumanns Intentionen gerecht zu werden. Fr. Hebbel, an den sich Letzterer gelegentlich einer persönlichen Zusammenkunft in Dresden um Rath und Hilfe wandte, lehnte jede Mitwirkung ab, und so machte sich schliesslich Schumann selbst an eine durchgreifende Umarbeitung des Reinick'schen Textes, dessen sentimentaler Anstrich ihm hauptsächlich missfallen hatte. Nun glaubte er „ein Stück Lebensgeschichte" gegeben zu haben, „wie es jede dramatische Dichtung sein soll". Es war die erste grosse Täuschung seines Lebens [47]). „Genoveva" ging am 25. Juni 1850 in Leipzig unter Schumanns persönlicher Leitung zum ersten Male in Szene, um nach zwei weiteren Aufführungen gänzlich vom Spielplan zu verschwinden.

Hebbel.

Dasselbe Schicksal hatte die Oper an den übrigen Bühnen, die sie zur Aufführung brachten. Die Kritik lehnte sie zumeist ab; es kam zu einem unerquicklichen Zeitungsstreit zwischen ihr und Schumanns Anhang, dem der Meister selbst durch baldigste Veröffentlichung der Oper ein Ende zu bereiten strebte, damit nunmehr „ein jeder urtheilen könne." [48])

Der Genoveva folgten späterhin noch mancherlei Opernprojekte, so Schiller's „Braut von Messina", bearbeitet von Rich. Pohl, Goethe's „Hermann und Dorothea", die aber beide nicht bis über die Ouvertüre hinaus gediehen sind.

Dagegen brachte dasselbe Jahr 1848 im Oktober und November ein zweites Werk, das die Genoveva an Lebensdauer bei weitem übertreffen sollte, nämlich die Musik zu Byron's „Manfred". Schumanns Vorliebe für Byron mag schon in frühester Jugend durch die schwärmerische Verehrung angeregt worden sein, die sein Vater dem Briten entgegenbrachte; sie zeigt sich

Robert Reinick.

später auch in verschiedenen Liedern. Den Komponisten, der Jahre lang an der Komposition von Goethe's Faust arbeitete, musste gerade „Manfred" mächtig anziehen. Das rastlose Streben nach der Erkenntniss des Höchsten in fortwährend gesteigertem tragischen Konflikt mit dem Bewusstsein schwerer irdischer Schuld, endlich die Erlösung durch die verzeihende Liebe Astarte's — all dieses musste Schumanns Natur aufs tiefste berühren, nicht weniger als der geheimnisvolle Boden gespenstischer Symbolik, auf dem sich das Ganze abspielt. Nicht selten trifft man die Behauptung, Schumanns Manfred hänge mit seiner Krankheit zusammen und sei eine „Vorahnung" der Katastrophe. Dagegen spricht einmal die längst gehegte Vorliebe des Meisters für Byron, endlich aber der durch und durch gesunde Charakter der Musik. Die Manfrednatur steckte Schumann schon von Jugend auf im Blute, Leidenschaftlichkeit und Empfindsamkeit, Florestan und Eusebius, sind nicht erst mit der Komposition des Manfred zu Tage getreten.

Schumanns Wunsch, seinen Manfred einmal auf der Bühne dargestellt zu sehen, ging nicht in Erfüllung. Erst Franz Liszt, der geniale Vorkämpfer aller jung aufstrebenden Talente, brachte das Werk im Jahre 1852 auf der Weimarer Hofbühne zur Aufführung, und seither sind verschiedene deutsche Bühnen seinem Beispiel gefolgt.

Wir stehen am Schlusse des Jahres 1848. Unwillkürlich drängt sich die Frage auf: wie stellte sich Schumann zu den weltbewegenden politischen Ereignissen dieses Jahres, zumal in Dresden, der Stadt, die das Jahr darauf einen Richard Wagner ins langjährige Exil trieb? Bis jetzt glaubte man allgemein, die „Vier Märsche" (op. 76) für Klavier seien der einzige Tribut gewesen, den Schumann der Revolution gezollt. Nun aber befinden sich unter

Zeichnung von Sascha Schneider.
Mit Genehmigung des Verlages von G. Minuth in Berlin aus der daselbst erschienenen, von Sascha Schneider illustrirten Faust-Ausgabe.

der Opuszahl 65 in der Sammlung von Ch. Malherbe in Paris folgende drei Stücke: „Zu den Waffen" von Titus Ulrich, „Schwarz-Roth-Gold" von K. Freiligrath und „Freiheitssang" von J. Fürst, für Männerchor mit Begleitung von Harmonie-Musik (ad libitum), „componirt von R. Sch." Der erste Gesang ist datirt vom 19. April, der zweite vom 4., der dritte vom 3. April. Wasielewski erwähnt diese Kompositionen zwar ebenfalls [49]), allein ohne die Titel der Gedichte und ohne Beschreibung der Musik; er scheint sie also nicht selbst zu Gesicht bekommen zu haben. Ueberhaupt sind sie anscheinend niemals zur Aufführung gelangt, da in keiner Zeitung Notiz davon genommen wird. Veröffentlicht wurden sie ebenfalls nie; an ihre Stelle traten in der Reihe der Opuszahlen die „Ritornelle in canonischen Weisen". Am bedeutendsten ist nach einem Pariser Bericht [50]) die Komposition des Freiligrathschen Gedichts. Der Fürst'sche Chor trägt die Aufschrift: „Feurig", während der Ulrich'sche, dessen Dichtung die Enttäuschung des deutschen Volkes wiederspiegelt, mit einem rhythmisch scharf präcisirten Appell an die Waffen abschliesst. Bestimmt waren die 3 Chöre augenscheinlich für Schumanns Liedertafel.

Fortan verhielt sich Schumann der hereinbrechenden Revolution gegenüber durchaus passiv. Der Maiaufstand des Jahres 1849 vertrieb ihn aus der Stadt. Nicht den Politiker in ihm, der sicher innerlich der ganzen Bewegung sympathisch gegenüberstand, aber den Künstler drängte es, die Stätte des Lärmens und Tobens zu verlassen und an stillem Orte die Ruhe und Sammlung zu weiteren Arbeiten wiederzuerlangen. Er schlug seinen Wohnsitz für ein paar Wochen in Kreischa auf, einem Dorfe in der Umgebung von Dresden.

Julius Rietz.

Hier setzte er die schon zu Anfang des Jahres begonnene erstaunlich reiche kompositorische Thätigkeit fort. Es war das fruchtbarste Jahr seines gesammten Schaffens, „als ob die Stürme den Menschen mehr in sein Inneres trieben, so fand ich nur darin ein Gegengewicht gegen das von aussen so furchtbar Hereinbrechende." [51]) Weitaus die meisten der oben angeführten Werke sind in diesem Jahre entstanden, inmitten der Stürme der Revolution, der Sorgen um die Aufführung der Genoveva und des Bangens um die eigene Zukunft. Denn der Aufenthalt in Dresden, so wohl er sich dort auch fühlen mochte, schaffte dem rastlos vorwärts drängenden Künstler doch nicht die rechte innere Befriedigung. Leipzig, die alte vertraute Heimath, tauchte wieder vor ihm auf und deutlich sprach er die Absicht aus, sich um die Stelle des Dirigenten der Gewandhaus-Konzerte zu bewerben, da verlautete, Julius Rietz würde als Nachfolger Nicolais nach Berlin gehen. [52]) Es drängte ihn nach einer „geregelten Thätigkeit", [53]) die ihm in Dresden trotz Chorverein und Liedertafel — von letzterer war er nach zweijähriger Thätigkeit „der ewigen Quartsextakkorde müde" [54]) zurückgetreten — versagt blieb. Allein Rietz blieb in Leipzig, und damit wurden Schumanns Pläne nach dieser Richtung hin zunichte. Dagegen tauchte Ende 1849 ein anderer Plan auf, der schliesslich nach mancherlei Ueberlegung zur Verwirklichung gelangen sollte. Ferd. Hiller, Schumanns Vorgänger in der Direktion der Dresdener Liedertafel, war von Düsseldorf, wo er seit 1847 städtischer Kapellmeister gewesen, in gleicher Eigenschaft nach Köln berufen worden und hatte Schumann zu seinem Nachfolger vorgeschlagen.

Dieser zögerte anfangs lange, denn noch winkte ihm eine Zeitlang eine Kapellmeisterstelle am Dresdener Hoftheater. Erst als alle Hoffnung nach dieser Seite hin geschwunden war, ging er auf Hillers Vorschlag ein und so erfolgte denn die Uebersiedelung nach Düsseldorf am 2. September 1850. Vorher machte das Ehepaar noch eine glänzende Konzerttour nach Hamburg, wo sie die Bekanntschaft Jenny Linds machten. Zum Dank für ihre Mitwirkung widmete ihr Schumann sein op. 89 (Sechs Gesänge von Wilfried v. d. Neun).

Die Fahrt an den Rhein sollte die letzte des unglücklichen Künstlers sein. Er hatte infolge der geistigen Anstrengung und der mannigfachen Aufregungen schon Ende 1849 wieder stark unter Kopfschmerz zu leiden gehabt; Unruhe

Schumann-Haus in Leipzig.

Bangen ergriffen ihn, als er in einem Buche von der Existenz-anstalt in Düsseldorf las. „Ich muss mich sehr vor allen melancholischen Eindrücken in Acht nehmen. Und leben wir Musiker, Du weissest es ja, so oft auf sonnigen Höhen, so schneidet das Unglück der Wirklichkeit um so tiefer ein, wenn es sich so nackt vor die Augen stellt. Mir wenigstens geht es so mit meiner lebhaften Phantasie." [55])

Mit solchen Gedanken im Herzen zog Schumann seinem neuen Bestimmungsorte entgegen.

Düsseldorf. Das Ende.

Der Empfang Schumanns in der rheinischen Stadt war glänzend. Die Einwohnerschaft that Alles, um dem gefeierten Meister und seiner Gattin ihre Verehrung zu bezeugen. Am 24. Oktober trat er mit seinem ersten Abonnementskonzert sein Amt an; auf dem Programm stand sein Adventlied, während Clara Mendelssohns G moll-Konzert spielte.

Seine Düsseldorfer Thätigkeit sagte ihm während der ersten zwei Jahre sehr zu; sie bestand ausser der Direktion der genannten Konzerte in der Leitung der wöchentlichen Uebungen des Gesangvereins und einiger in Verbindung mit dem katholischen Gottesdienst regelmässig wiederkehrender Aufführungen. Dies sollte insofern von Bedeutung werden, als Schumann hier Gelegenheit fand, in das vordem von ihm unangebaut gelassene Gebiet des geistlichen Vokalstils einzudringen. Die Messe (op. 147) und das Requiem (op. 148) waren die Früchte jener Anregungen. Auch sonst wissen die Kompositionen des Jahres so manches von dem rheinischen Leben und Treiben zu erzählen, so namentlich seine 4. Symphonie (Es dur), die „rheinische", ein schönes Geschenk an die sagenumsponnenen Rheinlande, in die neben der Erinnerung an die Cardinals-Erhebung des Kölner Erzbischofs noch so manche rheinische Reminiscenz hereinspielen mochte. Aber auch sonst erwies sich dieses Jahr als überaus fruchtbar. Waren noch in Dresden die Lieder op. 77, 83 und 89 zum grössten Theil, sowie zwei Faustszenen „die grauen Weiber" und „Fausts Tod" entstanden, so folgten nunmehr in Düsseldorf ausser der genannten Symphonie vor Allem das Konzertstück für Violoncell mit Orchester (op. 129), sowie die Ouvertüre zur „Braut von Messina", ein Werk, das im Jahre darauf im Gewandhaus zu Schumanns grossem Erstaunen nur sehr wenig Verständniss fand. Auch das Jahr 1853 lieferte noch einen reichen Ertrag von Kompositionen, darunter Werke wie „Der Rose Pilgerfahrt" (Text von M. Horn), die Uhlandsche Ballade „Der Königssohn", das Trio in G moll (op. 110), die „Märchenbilder" für Bratsche und Klavier (op. 113), endlich die Ouvertüre zu „Hermann und

Dorothea" (op. 136, das Werk weniger Stunden) und die Umarbeitung der D moll-Symphonie.

Daneben aber drängte es Schumann beständig nach einem Werk in grösserem Stil, und hierfür wurde zunächst der Plan eines grossen Oratoriums „Luther" ins Auge gefasst, mit dessen Textdichtung Rich. Pohl betraut ward. Allein der Plan scheiterte einmal an Schumanns Gesundheitszustand, ferner aber deshalb, weil er sich mit dem Dichter nicht über die Form einigen konnte. Dieser hatte die Dichtung in Form einer Trilogie angelegt und der Einwirkung übersinnlicher Wesen eine grosse Rolle zugetheilt; er hatte dabei offenbar eine Erweiterung der Oratorienform im Auge. Schumann dagegen, dessen Ideal Händels „Israel" bildete, wollte das Ganze auf 2½ Stunden Dauer beschränken, überhaupt die Musik so einfach und volksthümlich als möglich gestalten, so dass es „Bauer und Bürger verstände."[56]) Und so blieb dieser weitausschauende Plan unausgeführt. Dagegen lieferte Pohl eine Umarbeitung der Uhlandschen Ballade „Des Sängers Fluch", ebenfalls nach Schumanns Intentionen, deren Komposition er noch im Januar vollendete. Eine Aufführung war jedoch unmöglich, da die Partie der Harfe im Düsseldorfer Orchester keinen genügenden Vertreter fand.

Clara Schumann.
Vorlage (Stich von A. Weger) aus dem Musikhistorischen Museum des Herrn Fr. Nic. Manskopf in Frankfurt a. M.

Im März zog es Schumann wieder auf einige Wochen nach seinem geliebten Leipzig. Er hatte die Freude, zu sehen, wie seine treue Anhänglichkeit an diese Stadt von der dortigen Musikwelt im reichsten Maasse erwidert wurde. In privaten Matinéen, in Konzerten des Konservatoriums und des Gewandhauses wetteiferte man in Huldigungen für seine Muse; im Gewandhause dirigirte er sogar persönlich seine Es dur-Symphonie. Es war das letzte Mal, dass er in der Stadt weilte, die von Anfang an der Hauptschauplatz seiner entscheidenden Lebensschicksale, seiner harten Kämpfe und seines endlichen Sieges gewesen.

Im Sommer stellten sich bereits wieder Krankheits-Erscheinungen ein, die eine Kur in Scheveningen nothwendig machten. Es waren die unmittelbaren Vorboten der Katastrophe von 1854. Die Wirkungen der Krankheit zeigten sich zunächst in einem auffallenden Nachlassen der schöpferischen Produktion. Während in der ersten Hälfte dieses Jahres noch Werke wie die Messe, das Requiem, die Ballade „Vom Pagen und der Königstochter" entstanden, brachte die zweite Hälfte ausser einigen Klavierauszügen nur die 5 „Lieder der Königin Maria Stuart" (op. 135). Das Schlimmste für den Meister waren die nunmehr mit erschreckender Häufigkeit auftretenden Gehörstäuschungen. Dazu kamen Täuschungen rhythmischer Art — es erschienen ihm beim Hören alle Zeitmaasse zu schnell —; endlich steigerte sich die Schwerfälligkeit seiner Sprache und die Apathie gegenüber der Aussenwelt in hohem Grade. Unter diesen Umständen musste er seine Theilnahme an dem Düsseldorfer Männergesangfest auf das Allernöthigste beschränken, und auch bei dem 31. niederrheinischen Musikfest im folgenden Jahre, für das er sich auf das Lebhafteste interessirte und zu dem er seine Freunde aus Nah und Fern einlud, vermochte er nur Händels Messias und seine neu instrumentirte D moll-Symphonie zu dirigiren;

die Leitung einer eigens zu diesem Feste komponirten „Festouverture über das Rheinweinlied" (op. 123) musste er anderen Händen überlassen. Noch einmal trat eine Besserung seines Zustandes ein, so dass er im Jahre 1853 noch die Ouvertüre zu „Faust", die Ballade „Das Glück von Edenhall" (wozu ihm sein Arzt Dr. Hasenclever den Text bearbeitet hatte), das Konzert-Allegro für Pianoforte und Orchester (op. 134), die Phantasie für Violine und Orchesterbegleitung (op. 131), bei der ihm das Bild des jungen Joachim vorschwebte, die Ballade vom Haideknaben (op. 122), sowie mehrere Klaviersachen (op. 118, 126 und 130) vollenden konnte. Aber die Wahnvorstellungen liessen ihn nicht mehr los. Das Schlimmste war, dass sie nunmehr auch seine Dirigententhätigkeit in einer Weise zu beeinträchtigen begannen, die ihm selbst den Gedanken an den Rücktritt von seinem Posten nahelegte.[57]) Dazu gesellten sich allerhand Intriguen, denen sich sein müder Geist nicht mehr gewachsen fühlte. Längere Zeit suchte man ihn noch zu halten, und Julius Tausch übernahm, anfangs provisorisch, Schumanns Stellvertretung; allein bald gab dieser sein Amt endgiltig auf. Des „pöbelhaften Treibens" müde, erwog er mancherlei Pläne, um von Düsseldorf loszukommen. Eine Zeit lang tauchte die alte Kaiserstadt Wien wieder vor seinem unruhigen Geiste auf; es zog ihn dahin, „als ob die Geister der geschiedenen Meister noch sichtbar wären, als ob es die eigentliche musikalische Heimath Deutschlands wäre."[58])

Jugendbilder von Johannes Brahms und Jos. Joachim.

Noch zwei freudige Ereignisse waren ihm zu erleben beschieden. Das eine war eine Tour nach Holland, wo ungeahnte Triumphe seiner warteten. Das andere war seine Bekanntschaft mit Johannes Brahms, der ihm von Joachim empfohlen war und seine ersten Kompositionen vorspielte. 22 Jahre waren vergangen, seitdem der junge Schumann in einem begeisterten Aufsatz der Welt das Auftreten des jungen Chopin verkündet hatte. Nunmehr, am Ende seiner Künstlerlaufbahn, griff er noch einmal zur Feder, um getreu seinem Grundsatz, das Streben junger Talente zu fördern, einen jungen Künstler in die Welt einzuführen. Wie seine damaligen Worte, so waren auch die über den „jungen Adler"[59]) die eines Propheten. Trotz aller Abspannung vermochte sein Geist die Bedeutung des jungen Genius noch voll zu erkennen. Was allein auffällt, ist die merkwürdig überschwängliche Form, in die er seine Gedanken darüber kleidet; sie gemahnt stark an die jeanpaulisirende Manier der Jugendbriefe. So z. B. wenn er Brahms den „aus den Alpen zugeflogenen Adler" nennt oder ihn mit einem prächtigen Strome vergleicht, der „wie der Niagara am schönsten sich zeigt, wenn er als Wasserfall brausend aus der Höhe herabstürzt, auf seinen Wellen den Regenbogen tragend und am Ufer von Schmetterlingen umspielt und von Nachtigallenstimmen begleitet."[60])

Die Freude an dem neu aufsteigenden Genie Brahms' war seine letzte. Von seiner holländischen Reise am 22. Dezember zurückgekehrt, lebte er in den ersten Monaten des Jahres 1854, eine kleine Reise nach Hannover abgerechnet, sehr zurückgezogen. Er kehrte wieder zurück zu den schriftstellerischen Neigungen seiner jungen Tage. Ein grösseres Werk, „Dichtergarten" benannt, sollte alle Dichterworte über die Musik in einem Blüthenstrauss zusammenfassen, und schon war er bei den Alten, Homer und Plato, angelangt. Daneben beschäftigte ihn eifrig die Redaktion seiner „Gesammelten Schriften". Da traf ihn der gewaltsame Ausbruch seiner Krankheit.

Das erste bedenkliche Symptom war, dass er Anfang Februar plötzlich des Nachts aufstand und Licht verlangte, da er von Franz Schubert ein Thema

Bonn.

erhalten habe, das er sofort aufschreiben müsse. Am 27. Februar war er bei der fünften Variation darüber angelangt, als ihn ein dermassen intensives Angst- und Beklemmungsgefühl überkam, dass er sich aus dem Kreise der anwesenden Bekannten wegstahl und von der Rheinbrücke in den Strom stürzte. Von Rheinschiffern gerettet und nach Hause zurückgebracht, machte er sich alsbald schweigend an die Fortsetzung jener Variation. Die nach der Katastrophe sich einstellende Erholung war nicht von Dauer; ihn selbst verlangte nach der Unterbringung in einer Heilanstalt. So erfolgte denn am 4. März die Ueberführung des unglücklichen Meisters in die Privat-Irrenanstalt des Dr. Richarz in Endenich bei Bonn, die er bis zu seinem Tode nicht mehr verlassen sollte.

Hier in Endenich verlor sein Zustand unter sachkundiger Pflege und sicherer Obhut viel von seinem akuten, erschreckenden Charakter. Sein Denken war keineswegs zerrüttet und der Verkehr mit ihm durchaus nicht quälend oder beängstigend. Nur todesmüde war sein Geist, abgespannt bis zum Aeussersten und darum häufig in stiller Melancholie in sich selbst versunken. Seine Beschäftigung bestand in Musicieren, Lesen und Schreiben von Briefen; vor Allem aber hing er auch jetzt noch an seinen beiden jugendlichen Lieblingen

Clara Schumann.
Vorlage aus dem Musikhistorischen Museum des Herrn Fr. Nic. Manskopf in Frankfurt a. M.

Joachim und Brahms. Letzterer hatte die ihm erwiesene Liebe als echter Freund vergolten und war alsbald auf die Schreckensnachricht hin nach Düsseldorf übergesiedelt, um Frau Schumann in dieser schweren Zeit beizustehen. Er war der häufigste Gast im Krankenhause und der willkommenste; sein Kommen schaffte dem Kranken Freude und Beruhigung zugleich. Clara selbst hat ihren Gatten erst kurz vor seinem Tode wiedergesehen. Aber die Briefe, die Schumann aus der Anstalt an sie richtete, beweisen, dass der Herzensbund Beider auch diesem härtesten Schicksalsschlag zu trotzen vermochte. Diese Briefe werfen einen verklärenden Schimmer auf das tragische Ende des Meisters. Selten hat er in glücklicheren Tagen sein edles, gemüthvolles Innere so naiv klargelegt, selten seiner Liebe zu seiner Gattin, seinen Freunden und seiner Kunst einen schöneren und rührenderen Ausdruck verliehen, als in diesen letzten Briefen von seiner Hand. Noch einmal steigt die Gestalt Felix Mendelssohns, des „Unvergesslichen", vor ihm auf und er giebt seinem am 10. Juni geborenen jüngsten Knaben dessen Namen. Noch einmal lässt er alle vertrauten Gestalten und Erinnerungen seines wechselreichen Künstlerlebens vor seinem matten Geiste vorüberziehen, alles in Gedanken mit der geliebten Clara aufs Neue durchlebend. Und auch in die Zukunft blickt er froh hinaus; er ahnt, dass der „junge Adler" seinen Flug zur Sonne nehmen und sein glücklicherer Erbe sein wird. [61])

Robert Schumanns früherer Grabstein in Bonn.
Nach einer Photographie von Hess & Hohe in Bonn. Vorlage im Besitze der Gesellschaft der Musikfreunde in Wien.

So können wir von dem grossen Künstler ohne trübe oder gar erschreckende Erinnerung Abschied nehmen. Noch am Rande des Grabes steht seine Gestalt in lichtem Glanze da; hatte sein Geist auch seine zündende Kraft verloren, sein edler Sinn und sein überreiches Herz sind ihm bis ans Ende treu geblieben.

Am 29. Juli 1856, Nachmittags 4 Uhr, wurde Robert Schumann von seinen Leiden erlöst.

Klavierkomponist und Kritiker.

Die Künstlererscheinung Robert Schumanns ist ein interessantes musikalisch-psychologisches Problem. Während bei anderen Meistern die eigentliche Individualität erst im Verlaufe einer längeren Entwicklung sich Bahn bricht, entschleiert er alsbald in seinen ersten Jugendwerken die charakteristischen Züge seiner Muse. Sein spezifischer Stil offenbart sich nirgends so deutlich, wie in diesen Klavierstücken op. 1—23. Er hat ihn wohl später auf grössere Formen übertragen, auch da und dort seine Mängel durch formale Abklärung zu decken gewusst — verleugnet hat er ihn nie. Und gerade darum sind eben jene Werke aus den Jünglingsjahren für denjenigen, der Schumanns Kunst an der Quelle studiren will, so überaus wichtig.

Der Stil eines Künstlers ist das Produkt aus seiner Veranlagung und seiner Erziehung. Nach beiden Seiten hin gewährt gerade Schumann ein höchst eigenartiges Bild. Der geniale junge Feuerkopf, dem jederzeit eine Fülle der originellsten Ideen zuströmt, zeigt sich auch in jenen Werken, nicht minder aber auch zugleich eine gewisse Unfähigkeit, die gewonnenen Ideen organisch zu verarbeiten, den angefangenen Faden logisch weiter zu spinnen. Und so schweben denn diese kurzen Momentbildchen in einer Art von traumhaftem Helldunkel kaleidoskopartig an uns vorüber, jedes einzelne scharf gezeichnet, doch in ihrer Gesammtheit kein organisches Ganzes bildend. Schumanns Anlage kam hierin dem Zug der Zeit auf das Glücklichste entgegen, der unter der mächtigen Einwirkung der musikalisch-dramatischen Schöpfungen Webers auch in der reinen Instrumentalmusik das poetisirende Element immer stärker zu betonen begann. Es war die Zeit der dichtenden Musiker und der musizirenden Dichter. Eine junge Kunst war allerorts im Aufblühen, und wie jede junge Kunst, arbeitete auch sie zunächst noch mit kleinen Mitteln und kleinen Motiven. Hierher gehören die Klavierstücke Webers, der moment musical Schuberts, das Lied

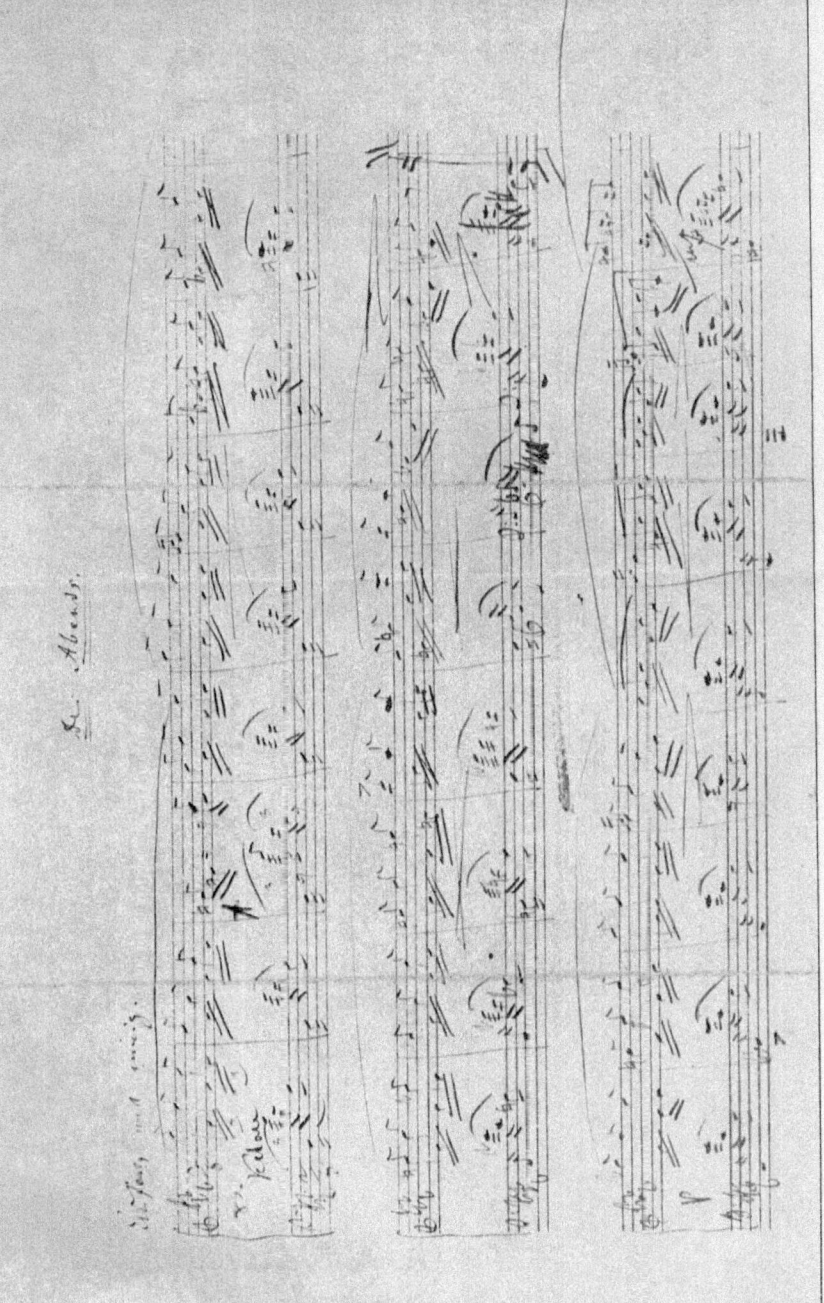

Handschrift Robert Schumanns op. 12 No. 1.
(Autograph im Besitze von Frau Ida Conrat in Wien.)

Folgt von A bis B
oder ohne Reprise
dann Schluss
Am 18 August
1839.
Seinem lieben
Becker.
Robert Schumann

ohne Worte Mendelssohns, vor Allem aber die Klaviermusik Schumanns. Es geht ein echt romantischer Frühlingshauch durch all diese Stücke; die überall aufspriessenden Melodiekeime und Ansätze, die sich nur selten zu einer breiten Kantilene entwickeln, dazwischen das Blüthengeranke der arabeskenartigen Figuren mit seiner unerschöpflichen Mannigfaltigkeit — alles dies verleiht Schumanns Klaviermusik einen Zauber, den wir in der Klavierlitteratur nicht zum zweiten Male antreffen.

Die musikalische Erziehung, die Schumann im Elternhaus genoss, wies gar manche Lücken auf. Den immerhin bedenklichen Mangel eines geregelten Klavierunterrichts vermochte er zwar durch seine glänzende Begabung und seinen eisernen Fleiss zu decken, ja er kam ihm sogar insofern zustatten, als er schon früh dazu gelangte, sich seinen eigenen Stil und Geschmack zu bilden. Spuren fremder Klaviertechnik finden sich auch in seinen frühesten Werken nur sehr selten. Weit schlimmer war das Fehlen der musiktheoretischen Unterweisung. Noch zur Zeit seines Unterrichts bei Dorn lebte er des naiven Glaubens, dass zum Komponiren lediglich Phantasie und ein gutes Gehör von Nöthen sei und schrieb lustig darauf los, „ein reiner, einfältiger Zögling der leitenden Natur." [62]) Den Mahnungen Wiecks gegenüber verhielt er sich schroff ablehnend, und auch über Dorn äussert sich der begeisterte Verehrer Bachs anfangs sehr ungehalten: „er will mich dahin bringen, unter Musik eine Fuge zu verstehen." [63]) Allerdings gelangte er auch über diesen Punkt sehr bald zu einer besseren Einsicht und bestrebte sich nach Kräften, das Versäumte nachzuholen. Auch Schumann ist es nicht leicht geworden, die Herrschaft über die Form zu erringen, und noch bis weit in seine Mannesjahre hinein macht sich in seinen Werken nach dieser Richtung hin eine gewisse Befangenheit geltend.

Weitaus die tiefgreifendsten Folgen für seine ganze spätere Entwicklung aber hatte ein weiteres Moment, nämlich die systematische Beschränkung auf das Klavier. Das Klavier war der Boden, aus dem Schumanns gesammte Ideenwelt erwachsen ist. Nicht nur dass er seine 23 ersten Werke für dieses Instrument allein schrieb, noch bis zu „Paradies und Peri" (op. 50) gewöhnte er sich daran, seine Gedanken überhaupt am Klavier zu konzipiren. Es leuchtet ein, dass in Folge davon sein gesammtes Schaffen stark unter dem Banne des Instruments steht, dass alle seine Ideen einen mehr oder minder fühlbaren klaviermässigen Charakter tragen. Sowohl seinen Liedern, als seinen Orchesterkompositionen hat der Klavierkomponist Schumann seinen unauslöschlichen Stempel aufgedrückt. Erst in weit späteren Jahren begann er auch der Vokalmusik gerecht zu werden.

Schauen wir uns nach dem geistigen Nährboden um, aus dem jene Werke erwuchsen, so treffen wir auch hier wieder auf — Jean Paul. Recht bezeichnend für sein geistiges Verhältniss zu diesem Dichter ist Schumanns gelegentlicher Ausspruch, dass er „von Jean Paul mehr Kontrapunkt gelernt habe, als von seinem Musiklehrer." [64]) Nicht allein, dass sich in den Klavierwerken da und dort direkte Anknüpfungspunkte an Jean Paul finden, die ganze Atmosphäre, die in diesen Stücken weht, ist jean-paulisch, und sehr treffend bemerkte Lyser in Saphir's Humorist vom 20. Oktober 1838: „Verdiente je ein Virtuos und Komponist die Bezeichnung des musikalischen Jean Pauls, so ist es Robert Schumann." Die merkwürdige Mischung von fantastischer Träumerei und keckem Humor, der scharf pointirte Stil, der nie eine gewisse oppositionelle Färbung verleugnet, endlich die Neigung zum Aufsuchen von allerhand geheimnissvollen symbolischen Beziehungen, die sogar an das Alleräusserlichste, wie z. B. Namen, anknüpft — das Alles stammt aus der Ideen- und Gefühlswelt Jean Pauls. Und dieser Jean-Paulismus hat, wenn auch späterhin abgeklärt und gedämpft, bis zum Ende einen wesentlichen Theil von Schumanns gesammtem Empfindungsleben gebildet.

Von den Musikern brachte er zuerst, wie wir sahen, Franz Schubert seine besondere Sympathie entgegen, „meinem einzigen Schubert, zumal da er Alles mit meinem einzigen Jean Paul gemein hat; wenn ich Sch. spiele, so ist mir's, als läs' ich einen komponirten Roman Jean Pauls." [65]) Auf Schuberts „Moments musicals", „Deutsche Tänze" u. s. w. mag denn auch Schumanns schon von Anfang an deutlich hervortretende Vorliebe für die idealisirte Tanzweise zurückgehen. Allerdings ist dabei nicht zu vergessen, dass im Jahre 1819 Webers „Aufforderung zum Tanz" entstanden war, jenes epochemachende Werk, das mit einem Schlage die alten halb naiven, halb barocken Tänze weit überholte und mit seiner bunten Reihenfolge dramatischer Szenen, durchglüht von dem echt Weber'schen Allegro con fuoco, das typische Vorbild für die gesammte spätere Tanzmusik geworden ist. [66]) Auch Schumann steht in dieser Hinsicht, trotz aller Anlehnung an Schubert, bewusst oder unbewusst, unter dem Einfluss Webers.

Franz Schubert.
Nach einer Lithographie von Teltscher.

Bald nach Schubert trat, wie schon bemerkt, ein noch Gewaltigerer in Schumanns Ideenkreis ein: Joh. Seb. Bach. Der alte Meister ist wohl von Niemand in edleren und wärmeren Worten gepriesen worden, als gerade von Schumann, der schon im Jahre 1832 an Kuntsch schreibt: „Bach war ein Mann durch und durch; bei ihm giebt's nichts Halbes, Krankes, ist Alles wie für ewige Zeiten geschrieben. [67]) Seit jenen frühesten Zeiten bildet das „Wohltemperirte Klavier" Schumanns „musikalische Grammatik",[68]) seine „tägliche Bibel"; [69]) Bach gilt ihm sein ganzes Leben hindurch als „der grösste Komponist der Welt, [70]) als der „Ewige", [71]) aus dem „immer von Neuem zu schöpfen ist." [72])

Bach war es denn auch, der Schumann von dem Zustand des „blinden Naturalisten" [73]) losriss und ihm zugleich den mangelnden theoretischen Unterricht ersetzte. Es war der tief innerliche, mystisch-symbolische Zug der Kunst Bachs, der den jungen Romantiker mit unwiderstehlicher Gewalt fesselte. Und so hat sich denn auch Schumann an diesem Urquell der modernen Instrumentalmusik vollgesogen; an ihm bildete er seinen reich verschlungenen polyphonen Klavierstil, dessen orchestrale Färbung einen ganz neuen Typus in der Entwicklung der modernen Klaviermusik inaugurirt hat.

Alle Jugendwerke einer genaueren Analyse zu unterwerfen, dazu fehlt hier der Raum; es kann nur denjenigen eine breitere Behandlung zu Theil werden, die für Schumann selbst ganz besonders charakteristisch erscheinen.

Op. 1, die „Variationen über den Namen Abegg" (der Gräfin Pauline von Abegg gewidmet) gehören hierher nur insofern, als sie bereits die Liebhaberei Schumanns für Mystifikationen (die „Gräfin" war eine gute Bürgerliche, die Verlobte eines seiner Freunde), und die Neigung, an Aeusserlichkeiten, wie z. B.

Namen anzuknüpfen aufweisen. Derartigen Spielereien mit Namen u. s. w. werden wir bei Schumann noch öfter begegnen; sie waren ihm natürlich nicht etwa Selbstzweck, sondern der in Töne eingekleidete Name war für ihn das Symbol der Persönlichkeit, der seine Huldigung galt, ebenso wie die Begegnung im Ballsaal den Anlass zu der Behandlung des Themas in Tanzform gab. Im Uebrigen kennzeichen sich die Variationen als das Werk eines hochbegabten, revolutionslustigen Dilettanten, der von der Herrschaft über das Stoffliche noch weit entfernt ist. Spezifisch Schumannsche Züge weisen die 2. Variation und das Finale auf, in technischer Hinsicht macht sich da und dort der Einflus Hummels bemerkbar.

Echt Schumann'schen Geist dagegen athmen die „Papillons" (op. 2), von denen einige bereits im Jahre 1829 entstanden sind. Schon in der Benennung dieser Stücke tritt uns Jean Paul entgegen. Sie bezieht sich nämlich keineswegs auf deren lustigen, gaukelnden Charakter; Schumann selbst bestreitet dies auf das Entschiedenste,[74]) ohne jedoch selbst den Schleier des Geheimnisses zu lüften. Allein die Betrachtung der Titelvignette in der Originalausgabe und die Lektüre von Schumanns damaliger „Bibel", den „Flegeljahren", bringen uns auf die richtige Fährte. Die „Papillons" sind das Symbol der poetisch-musikalischen Gedanken, die sich aus dem Innern des schaffenden Künstlers losringen, gleichwie der junge Schmetterling aus der Puppe — eine Vorstellung, die sich bei Jean Paul sehr häufig und auch bei Schumann selbst nicht selten findet.[75]) Auch inhaltlich fusst das Werk auf Jean Paul, insofern als dem Ganzen der „Larventanz" aus dem vorletzten Kapitel der „Flegeljahre" zu Grunde liegt.[76]) Schon hier treffen wir also Schumann auf den Pfaden der Programm-Musik. Und schon hier nimmt er alsbald Gelegenheit, seinen Standpunkt in dieser Frage unzweideutig zu präzisiren durch die Erklärung, dass er den Text der Musik untergelegt habe, nicht umgekehrt; „sonst scheint es mir ein thöricht Beginnen."[77]) Noch deutlicher spricht er sich einmal später aus: „Die Hauptsache bleibt, ob die Musik ohne Text und Erläuterung an sich etwas ist, und vorzüglich, ob ihr Geist innewohnt."[78]) Schumann hat somit nie bewusst in die Bahnen der Berlioz'schen Richtung eingelenkt; er will uns lediglich rein musikalische Schöpfungen geben, deren poetische „Ueberschriften" nach seinen eigenen Worten nicht viel mehr bedeuten sollen als die Ueberschriften über Gedichte.[79]) Was es thatsächlich mit diesen Erklärungen für eine Bewandtniss hat, wird bei der abschliessenden Betrachtung erörtert werden.

Hatten uns schon die Abegg-Variationen in den Ballsaal geführt, so entrollen die Papillons vollständig das buntbewegte Treiben der Maskerade in allen seinen wechselreichen Phasen.[80]) Sie sind der richtige Vorläufer des „Carneval", mit dem sie auch die Verwendung des „Grossvatertanzes" im letzten Stück gemein haben. Die scharfen Pointen fehlen zwar noch und die kecke Oppositionslust wagt sich noch nicht so kühn hervor, wie in op. 9. War doch damals der Einfluss Franz Schuberts und damit der Wiener Volksmusik in Schumanns Schaffen noch vorwiegend. So manche Melodie der Papillons erinnert an den Wiener Meister, so namentlich ausser der graziösen, etwas sentimental angehauchten Eröffnungsmelodie:

das Stück Nr. 8 mit dem Mittelsatz:[81])

Aber die Miniaturarbeit der kleinen Charakterstücke, die Zusammenfassung einer Reihe kontrastirender Stimmungsbilder in skizzenhaft-abrupter Weise — alle diese speziellen Charakteristika der Schumann'schen Muse liegen bereits in den „Papillons" voll ausgeprägt vor uns. Auch der merkwürdige Dualismus in seiner Natur, die Vermischung von melancholischer Träumerei und burschikosem Drauflosgehen tritt in diesen Stücken zu Tage; Florestan und Eusebius treiben schon hier ihr reizvolles Spiel. Namentlich der urwüchsige, derbe Humor macht sich geltend, ein Gebiet, auf dem Schumann wohl einer der berufensten Nachfolger Beethoven's geworden ist.

Die „Studien für das Pianoforte nach Capricen von Paganini" (op. 3) zeigen Schumann bereits als vollendeten Beherrscher der Technik, weisen aber auch schon deutliche Spuren der theoretischen Studien bei Dorn auf. Ebenfalls durch äussere Eindrücke — Paganinis Auftreten in Frankfurt — angeregt, sind sie doch keine blossen Transskriptionen im landläufigen Sinne. Was das Urbild nothwendigerweise durch die Umschreibung für das Klavier verlor, wusste Schumann durch seine originelle und geistvolle Harmonisirung reichlich wieder zu ersetzen, so dass die Stücke vollauf den Werth von Neuschöpfungen gewinnen. Für jeden Klavierspieler beherzigenswerth sind endlich die trefflichen Rathschläge des Vorworts hinsichtlich des Anschlags, Fingersatzes u. s. w.*)

Paganini.
Vorlage aus Fr. Nic. Manskopfs
Musikhistorischem Museum in
Frankfurt a. M.

---

*) Eine weitere Fortsetzung dieser Studien bildet op. 10, ebenfalls Bearbeitungen Paganinischer Capricen. Bekanntlich haben auch Fr. Liszt und J. Brahms ähnliche Uebertragungen vorgenommen, ein Beweis für die nachhaltige Wirkung von Paganinis Auftreten.

nicht zu erreichen vermocht. Aber er hat ihr ein neues fruchtbares Element dadurch zugeführt, dass er die Form in den Dienst seiner programmatischen Ideen stellte. Sie giebt den Boden ab, auf dem sich die duftigen Gebilde seiner Phantasie in buntem Reigen umhertummeln, öfters die Grundgestalt des Kerngedankens derart verhüllend, dass das Ganze mehr den Charakter phantastischer Improvisation gewinnt — ein ähnlicher Vorgang wie bei den Sonaten. Mit gutem Grund nennt Schumann somit sein op. 5 einmal „eine Geschichte." [88])

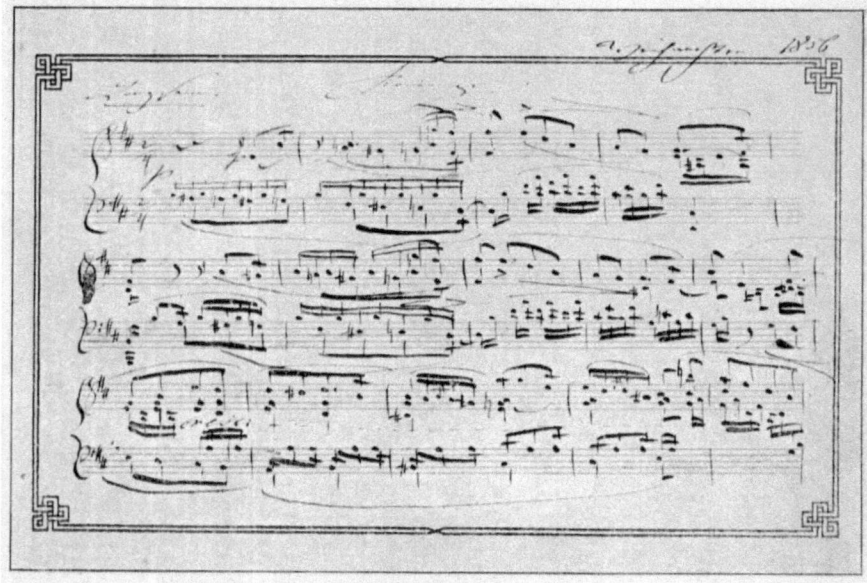

Clara Schumann: Romanze H-moll.
Verkleinerung des Originalmanuskriptes im Besitze der Gesellschaft der Musikfreunde in Wien.

Das intensive Studium Beethovens zeigt sich auch in den leider nicht erhaltenen Variationen über das Allegretto aus der Adur-Symphonie, die er neben der Umarbeitung der schon in der Heidelberger Zeit komponirten Toccata (op. 7) und neben den ebenfalls verlorenen Variationen über Schuberts Sehnsuchtswalzer vollendete.

Die beiden verlorenen Variationenwerke machen den Abstand erklärlich, der zwischen den Impromptus und den „symphonischen Etüden" (op. 13, aber 1834 komponirt) besteht. Auch ihr Thema ist nicht von Schumann, sondern von Ernestine von Frickens Vater, der über dasselbe Thema Variationen geschrieben und sie Schumann zur Begutachtung übersandt hatte. Die Antwort Schumanns verstattet einen interessanten Einblick in seine Ansichten von der Variation überhaupt. Die Etüden weisen den Impromptus gegenüber eine weit grössere formelle Meisterschaft auf, insbesondere zeigt sich ein bedeutend vertieftes Verständniss für die dem Thema zu Grunde liegende harmonische Gestaltung. Diese allein ist es, welche die Einheit des Ganzen zusammenhält, während Rhythmik und Melodik vollständig freien, vom Thema unabhängigen

Spielraum besitzen. Die kanonische Form, die ja überhaupt, im Gegensatz zur Fuge, sich noch das ganze 19. Jahrhundert hindurch als lebenskräftig erwiesen hat, beginnt sich auch bei Schumann deutlich hervorzudrängen; er ist in der Folgezeit einer der Hauptwortführer der modernen Kanonik geworden. Vor Allem aber zeigt sich in diesem Werke zum erstenmal die souveräne Beherrschung der neuen, von Weber inaugurirten, aber von Schumann noch weit über seinen Vorgänger hinaus entwickelten Klaviertechnik. Sein Klavierstil, der einen vordem kaum geahnten harmonischen Reichthum erschloss, hat dem Instrumente unzählige neue Ausdrucksquellen verschafft. Hauptsächlich durch ihn ward es in den Stand gesetzt, auch seinerseits der instrumentalen Denkweise, wie sie seit Beethoven die ganze Folgezeit beherrschte, gerecht zu werden. Chopin ist jederzeit eigentlicher Klavierkomponist geblieben. Schumanns Klavierbehandlung dagegen trägt einen merkwürdig orchestralen Charakter; ihm drängen sich alle Instrumentalstimmen zusammen in den engen Rahmen des Klaviers, und dieses „Orchester im Kleinen" war und blieb fortan das ureigenste Organ seines Empfindens.

Die zweite bedeutende Schöpfung des Jahres 1834 war der „Carnaval. Scènes mignonnes sur quatre notes pour piano, op. 9." Auch dieses Werk schlägt in das Gebiet der Variationsform im weitesten Sinne ein, insofern ein bestimmtes Motiv allen Stücken mit wenig Ausnahmen zu Grunde liegt. Der Carneval ist eines der interessantesten und speziell für Schumanns Entwicklung am meisten charakteristischen Stücke, trotzdem er selbst merkwürdigerweise nie sehr viel davon gehalten hat. [84] In der Carnevalszeit 1835 vollendet, „in ernster Stimmung und eigenen Verhältnissen", [85] bilden diese Miniaturen den musikalischen Niederschlag all der mannigfach bewegten Stimmungen und Erlebnisse der vergangenen Jahre. Es ist ein bunter Maskenroman, dessen Held Schumann selbst ist, in phantastischem Helldunkel umgaukelt von all den Gestalten, die in Scherz und Ernst, in Dichtung und Wahrheit zu jener Zeit seine Seele bewegten, das Ganze eingekleidet in den uns schon von den Papillons her bekannten Rahmen der idealisirten Ballszenen. Florestan:

und Eusebius:

Chopin und Paganini, Chiarina (Clärchen) und Estrella (Ernestine) schweben in abenteuerlichem Zuge an uns vorüber; zum Schlusse marschirt sogar die Garde der Davidsbündler, die auch hier in dem $^3/_4$-Takt ihres Marsches ihre Oppositionslust zu beweisen scheinen, gegen die Philister auf. Dazwischen hinein mengen sich typische Tanzgestalten, wie Arlequin, Pantalon und Colombine u. s. w.; auch Ballabenteuer intimer Art spinnen sich an, wie die Titel „Recon naissance", "Aveu" u. A. darthun. Ja sogar die Buchstaben A S C H wirbeln als "lettres dansantes" im Walzertakt durch die Luft: Ihnen verdankt das ganze Stück seine Entstehung; sie stellen den Namen des Städtchens Asch, der Heimath Ernestinens, dar und waren zugleich, wie

Schumann mit grosser Freude entdeckte, die einzigen "musikalischen" Buchstaben seines eigenen Namens:

"Das klingt sehr schmerzvoll" meint er in einem Briefe an Henriette Voigt. [86]) Kein zweites Werk vergönnt uns einen so klaren Einblick in Schumanns Kunstschaffen wie der Carneval. An und für sich an eine rein äusserliche Spielerei anknüpfend, gleich den Abegg-Variationen, giebt er ein treues musikalisches Spiegelbild von der seelischen Verfassung, in der sich Schumann damals befand. Ueber Idee und Form des Ganzen schwebt wiederum der Geist Jean Pauls, dem wir ausser Schumanns bekannter Hinneigung zu mystisch-symbolischer Spielerei auch das reizvolle Hin- und Herschwanken zwischen humoristischer Laune und phantastischem Traumleben verdanken. Auch hier geben sich Walt und Vult, ins Schumannische übertragen Eusebius und Florestan, ein Stelldichein voll Poesie und Laune. Inhaltlich wie der Einkleidung nach gehört der Carneval zu Schumanns originellsten Kompositionen. Die kleinen Genrestücke, die zu Mendelssohn's Liedern ohne Worte die Parallele bilden, erhalten hier unter Schumanns Händen ein ganz verändertes Aussehen; sie nähern sich wieder mehr den Allegro-con-fuoco-Sätzen Webers. Statt der fortgesponnenen Stücke Mendelssohns treffen wir hier eine Fülle abrupter, unerwarteter Wendungen voll Geist und Originalität — und doch ist die Einheit des Ganzen durchaus gewahrt, äusserlich durch die Beibehaltung des Grundmotivs, innerlich durch die streitfreudige Stimmung des Davidsbundes, die uns aus allen diesen Stücken entgegenweht und den Carneval als ein musikalisches Gegenstück zu dem "kunsthistorischen Ball der Davidsbündler" (Ges. Schr. II, 21) erscheinen lässt.

Ebenfalls im Jahre 1835 erschienen die beiden Sonaten in Fis moll (op. 11) und G moll (op. 22, der letzte Satz wurde erst 1838 hinzugefügt). Wir treffen hier Schumann zum ersten Male auf dem Gebiet einer höheren Kunstform, und es ist recht bezeichnend, wie sich seine Individualität mit dem Erbe Beethovens auseinandersetzt. Wir haben sie aus seinen bisherigen Werken genügend kennen gelernt, um zu erkennen, dass hier nicht von Sonaten im Sinne Beethovens die Rede sein kann. Es sind vielmehr Phantasiestücke in grossem Stil, voll von überquellendem Ideenreichthum, in allen glühenden Farben der Romantik schillernd, allein ohne formelle Abrundung und ohne künstlerische Abklärung. Speziell die Fis moll-Sonate, "Clara zugeeignet von Florestan und Eusebius", ist ein Werk voll Feuer und Ursprünglichkeit, das nur ein Pedant der Form missen möchte, ein Werk, allerdings dem Sturm und Drang entsprungen, aber die Schöpfung eines jungen Genies, das in der Ueberfülle der Schaffenslust in die Worte ausbricht: "Wüssten Sie, wie ich noch auf den ersten Zweigen zum Himmelsbaum zu stehen meine und wie ich da oben in einsamen heiligen Stunden Lieder zu hören glaube, von denen ich meinen geliebten Menschen später noch verkünden

Robert Schumann: Fandango (Fis moll-Sonate).
Verkleinert nach Schumanns Original-Manuskript im Besitze der Gesellschaft der Musikfreunde in Wien.

möchte . . ." [87]) In keinem andern Werke finden sich Florestan und Eusebius mit gleicher plastischer Deutlichkeit verkörpert, letzterer in der sehnsuchtsvollen Aria und der Einleitung voll glühender Schwärmerei, ersterer in den übrigen pathetischen Sätzen.

Formell einwandfreier, inhaltlich jedoch lange nicht von demselben fesselnden Reiz sind die beiden anderen Sonaten dieses Jahres, die in G moll und das „Concert sans Orchestre" (op. 14; den geschmacklosen Titel verdanken wir der Initiative des Verlegers J. Haslinger; er wurde später, auf Moscheles' und Liszt's Urtheile hin von Schumann selbst wieder in „Troisième grande Sonate" abgeändert, wobei auch das anfänglich aufgeopferte Scherzo Wiederaufnahme fand). Beide Werke entstammen derselben Sphäre der Empfindung, wie die Fis moll-Sonate, auch sie wissen zu erzählen von den Kämpfen, die ihren Schöpfer Clara gekostet, aber ihnen fehlt die hinreissende Gluth der Leidenschaft, der jenes Werk seine Entstehung verdankt. Diese findet ein würdiges Gegenstück in der ursprünglich ebenfalls „Grosse Sonate" genannten „Phantasie" (op. 17). Die einzelnen Sätze wiesen anfangs besondere Benennungen auf; da Schumann den Ertrag des Werkes als „Obolus" dem Fonds für das in Bonn zu errichtende Beethoven-Denkmal zuwenden wollte, nannte er die einzelnen Sätze „Ruinen", „Triumphbogen" und „Sternenkranz." [88]) Später, im Jahre 1838, wollte er das Ganze „Dichtungen", die einzelnen Sätze „Ruine, Siegesbogen und Sternbild" [89]) benennen, bis er sich schliesslich 1839 für den Titel „Phantasie" entschied mit dem Fr. Schlegel'schen Dichterwort als Motto:

> „Durch alle Töne tönet
> Im bunten Erdenraum
> Ein leiser Ton gezogen
> Für den, der heimlich lauschet."

„Der Ton im Motto bist Du wohl?" schrieb er an Clara; „beinahe glaub' ich es." [90]) Der erste Satz ist eine „tiefe Klage" um Clara, das Ganze ein Ausfluss der melancholisch-resignirten Stimmung, wie sie das unglückliche Jahr 1836 in Schumanns Seele wachgerufen hatte. Es war eine Art künstlerischer Katharsis, die er an sich selbst vornahm; wie tief sie sein Innerstes berührte, beweist am besten sein eigenes, einem richtigen Gefühl entsprungenes Urtheil über das Werk: „der erste Satz ist wohl mein Passionirtestes, was ich je gemacht; die anderen sind schwächer, brauchen sich aber nicht grade zu schämen." [91]) Er gehört zu den bedeutendsten Erzeugnissen dieser Periode und ist schon insofern interessant, als Schumann hier zum ersten Male aus einem und demselben Motiv [92]) einen ganzen Satz herauszuspinnen unternimmt:

Allerdings kündigt sich auch schon hier die Manier der späteren Symphonien an: das Thema selbst bleibt stets ein abgeschlossenes Ganzes, seine Durchführung besteht in der Aneinanderreihung scharf begrenzter Perioden, die auf verschiedenen Tonstufen wiederholt werden. Die langathmigen, tiefsinnigen Kombinationen Beethovens sind Schumann versagt; er arbeitet auch innerhalb grösserer Formen nur mit kleinen Motiven und hat naturgemäss das Bestreben, bei seinen Durchführungen das „Auseinander" durch ein „Nebeneinander" zu ersetzen. Dem Gedankeninhalt nach reicht die C dur-Phantasie am nächsten von allen Jugendwerken an Beethoven heran. Der Kampf um die Geliebte mit seinem stürmischen Wechsel von wild aufflammender, zorniger Leidenschaft und süssem, träumerisch verweilendem Erinnern ist hier mit einer Ueberzeugungskraft geschildert, die auch unter Schumanns Werken nicht eben häufig wiederzufinden ist.

Das Jahr 1837 glättete die Wogen der seelischen Erregung einigermassen und Schumann kehrte wieder auf sein ureigenstes Gebiet zurück: er schrieb die „Phantasiestücke" (op. 12) und die „Davidsbündlertänze" (op. 6). Die „Phantasiestücke" tragen den Namen der einst hochgepriesenen Pianistin Miss Anna Robena Laidlaw, die am 2. Juli 1837 in Leipzig eine Matinee gab und dadurch in Schumann den Gedanken an die Widmung seines fertig gestellten op. 12 wachrief.[93]) Das Antwortschreiben auf einen Brief der Künstlerin beginnt mit folgenden Worten:

„Besten Dank, mein theures Fräulein, dass Sie Ihr Versprechen gehalten. Die Zeit Ihres Aufenthaltes hier wird mir stets eine recht schöne Erinnerung bleiben, und dass dies wahr ist, was ich schreibe, werden Sie noch klarer in acht Phantasiestücken für Pianoforte finden, die bald erscheinen und Ihren Namen an der Stirne tragen. Um Erlaubniss einer Dedicace habe ich zwar nicht besonders angefragt; aber sie gehören Ihnen — und das ganze Rosenthal mit romantischem Zubehör steht in der Musik. Bis Ende September werden die Phantasiestücke fertig sein. Wie, auf welche Weise soll ich sie Ihnen zusenden?

Es geht mir wohl, ja glücklich, und wenn uns nicht so viele Meilen trennten, sollten Sie mehr darüber erfahren. Zum Schreiben ist es zu lang."

Clara Schumann.
Nach einer Lithographie von Hanfstaengl, München,
Vorlage im Besitze der Gesellschaft der Musikfreunde in Wien.

Die lezten Worte, die in schlichter Weise auf Schumanns erneuertes Verlöbniss mit Clara Wieck hindeuten, beweisen zur Genüge, dass alle die romantischen Ausdeutungen, die die Nachwelt an sein Verhältniss zu Miss Laidlaw geknüpft hat, der Grundlage durchaus entbehren. Auch ein zweiter Brief an Miss Laidlaw vom 8. September 1837 [94]) erweist sich als durchaus unverfänglich. Von Bedeutung ist ferner, dass Schumann trotz jener Widmung die Stücke in seinem Briefwechsel mit Clara ganz ausführlich behandelt. Hier ist keineswegs vom Rosenthal die Rede — ein Beweis, wie vieldeutig Schumann selbst seine Ueberschriften auffasste. Bei der „Nacht" fiel ihm nach Vollendung des Werkes die Geschichte von Hero und Leander ein[95]), während das „Ende vom Lied" Erinnerungen an Zumsteeg in ihm wachrief: „am Ende löst sich Alles in eine lustige Hochzeit auf, und da klingt es wie Hochzeit und Grabgeläute durcheinander."[96]) Diese verschiedenerlei Angaben zeigen aufs Deutlichste, wieviel feine Beziehungen alle diese Stücke Schumanns in sich bergen;

sie lassen aber auch zugleich die Unmöglichkeit erkennen, jede einzelne aufzuführen und mahnen den Betrachter zur Vorsicht. Rein musikalisch genommen, steht der Schumann der „Papillons" wieder vor uns, aber gereifter und abgeklärter. Die melodischen und harmonischen Härten sind geschwunden, über dem Ganzen schwebt ein duftiger Hauch taufrischer Romantik, die sich bald in übermüthigem Humor, bald in träumerischem Hindämmern äussert, eine jede dieser Stimmung mit wunderbarer Prägnanz festhaltend.

Ein ganz anderes Gesicht weisen die „Davidsbündlertänze" (op. 6) auf. Sie führen uns mitten hinein in das streitlustige Leben des Bundes, gewissermassen als der musikalische Rechenschaftsbericht über die Stimmungen, die damals in dem jugendlichen Künstlerkreise herrschten. Die skizzenhafte Ausführung der früheren Werke macht sich hier wieder bemerklich, denn auch hier drängte die Fülle persönlicher Erlebnisse zu unmittelbarer Aussprache. Ueber dem kecken Getriebe des Bundes schwebt immer noch der Gedanke an Clara, und zwar diesmal in Gestalt freudigen Hoffens auf baldige Vereinigung. „In den Tänzen sind viele Hochzeitsgedanken [97]) . . . ein ganzer Polterabend ist die Geschichte . . . war ich je glücklich am Klavier, so war es, als ich sie komponirte" heisst es in den Jugendbriefen. [98]) Das Werk bildet eine musikalische Illustration zu den „Schwärmbriefen" und den „Büchern der Davidsbündler". Formell genommen sind die einzelnen Stücke lyrische Improvisationen in Tanzform, inhaltlich fesseln sie vornehmlich durch die vielen Beziehungen persönlicher Art. An musikalischem Gehalt stehen sie den Phantasiestücken nach.

Verkleinerung des Titelblattes nach dem Original-Manuskript.
Eigenthum der Gesellschaft der Musikfreunde in Wien.

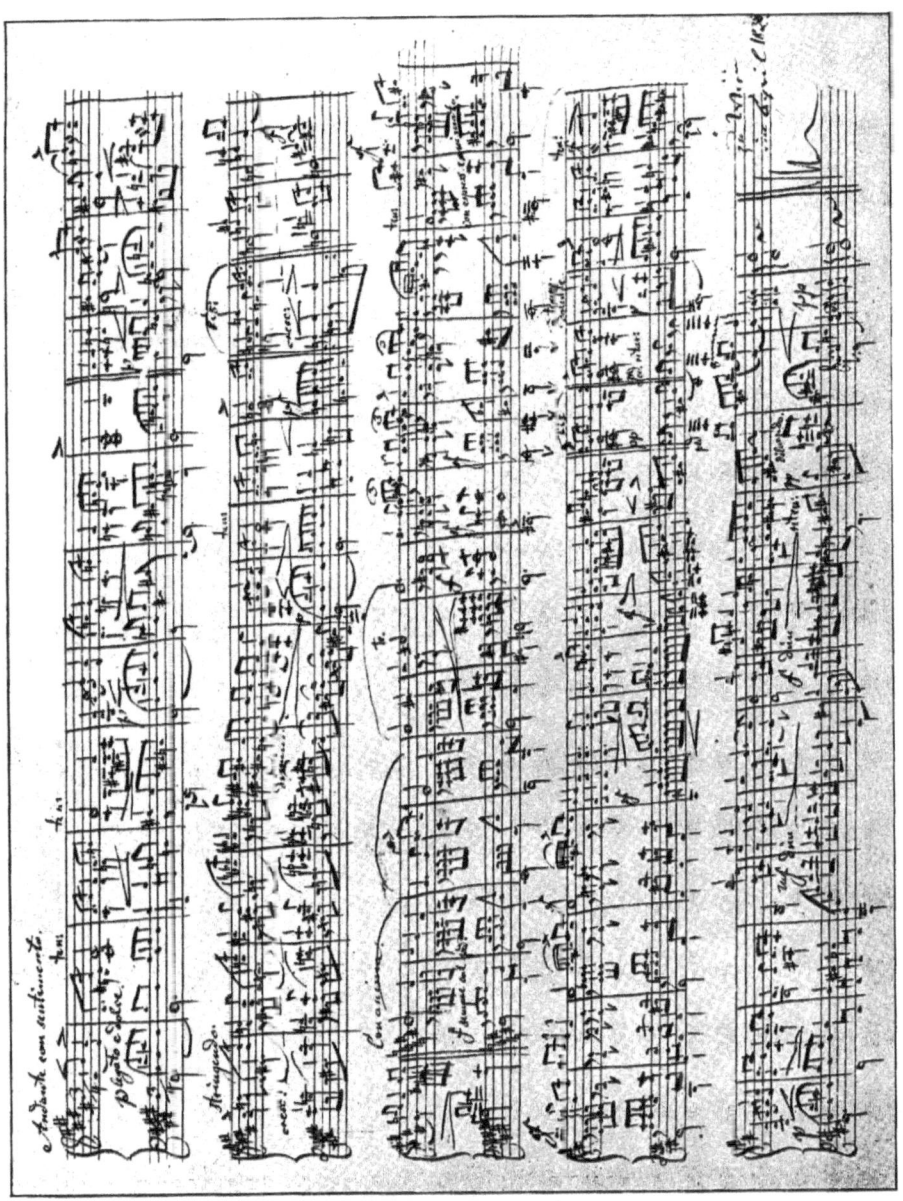

Clara Wieck: Andante für Pianoforte, 1838.
Verkleinerung des Original-Manuskripts im Besitze der Gesellschaft der Musikfreunde in Wien.

Das Jahr 1838 zeigt uns Schumann mit den „Kinderszenen" (op. 15), den „Kreisleriana" (op. 16) und den „Novelletten" (op. 21) auf dem Höhepunkt seiner kompositorischen Thätigkeit für das Klavier. Die „Novelletten" bilden gewissermassen eine gesteigerte Fortsetzung der Davidsbündlertänze. Auch sie knüpfen deutlich an bestimmte äussere Erlebnisse an, auch sie wurden im Wesentlichen durch Clara veranlasst. Es sind „grössere, zusammenhängende, abenteuerliche Geschichten",[99]) voll bunten Stimmungswechsels, in leichtem, geistreichem Erzählerton gehalten und demgemäss auch formell von ziemlich lockerem Gefüge.

Die schönste Frucht, die die Welt dem langjährigen Kampf um Clara verdankt, bilden unstreitig die „Kreisleriana" (op. 16), Schumanns erstes Meisterstück. Der Titel führt uns in die Sphäre E. T. A. Hoffmanns, der in seinen „Kreisleriana", verbunden mit den „Lebensansichten des Katers Murr", ein ergötzliches Bild von dem Kontrast zwischen dem überschwenglichen Idealisten Kreisler — sein Urbild sollte der Kapellmeister L. Böhner sein — und dem nüchtern prosaischen Kater Murr entworfen hatte. Mehr als diesen allgemeinen Grundgedanken hat der Dichter dem Komponisten schwerlich gespendet. Auch Schumann befand sich ja damals in einer zwischen Hoffnung und Resignation, zwischen leidenschaftlicher Erregung und still träumender Sehnsucht hin und her schwankenden Seelenverfassung. Und diese seine eigenen Gefühle waren es, denen er hier in Tönen Luft machte, es sind im Grunde „Schumanniana" unter der Maske des excentrischen Hoffmann'schen Kapellmeisters. Schumanns Freude am eigenen Schaffen wurde durch dieses Werk mächtig gehoben. Er schreibt an Clara: „Diese Musik jetzt in mir, und welch' schöne Melodieen immer! Denke, seit meinem letzten Briefe habe ich wieder ein ganzes Heft neuer Dinge fertig. „Kreisleriana" will ich es nennen, in denen Du und ein Gedanke von Dir die Hauptrolle spielen, und will es Dir widmen — ja Dir wie Niemandem Anderen — da wirst Du lächeln so hold, wenn Du Dich wiederfindest. Meine Musik kommt mir jetzt selbst so wunderbar verschlungen vor bei aller Einfachheit, so sprachvoll aus dem Herzen, und so wirkt sie auf alle, denen ich sie vorspiele, was ich jetzt gern und häufig thue."[100]) Sowohl Florestan als Eusebius hat in diesem Werke sein Bestes gegeben; gleich in den beiden ersten Sätzen stehen sie in reifster Vollendung da. Ein Werthunterschied zwischen den einzelnen Stücken lässt sich kaum feststellen, von jedem einzelnen gilt das Wort Schumanns: „Da giebt's zu denken dabei."[101]) Man denke nur an das schwärmerisch-innige 2. Stück:

und das an schwermüthige Volksweisen gemahnende sechste:

Zwischen die beiden musikalischen Herzensbeichten op. 21 und 16 fallen die „Kinderszenen" (op. 15). Der Sturm der inneren und äusseren Wirrsal scheint hier auf eine Zeit lang beschwichtigt zu sein. Träume aus der Jugendzeit sind es, die den nunmehr ins Mannesalter eintretenden Jüngling umgaukeln, in der Erinnerung an seine Kindheit findet er Ruhe und Erholung inmitten der Stürme des Lebens. Sie sind somit, nach Schumanns eigenen Worten, nicht sowohl Stücke für Kinder, als poetische Rückblicke eines Erwachsenen in die Jugendzeit.[102]) Es ist im Hinblick auf alles Vorangegangene bewundernswerth, mit welchem Maass künstlerischer Selbstzucht der junge Künstler für seine Gedanken und Empfindungen die angemessene anspruchslose Form wählt. Die Ueberschriften sind auch hier wieder später entstanden und „eigentlich weiter nichts als feinere Fingerzeige für Vortrag und Auffassung."[103]) Die Kritik konnte sich seltsamer Weise gerade mit diesen Stücken lange nicht befreunden: selbst Moritz Hauptmann vermisste an ihnen die „rechte Mitte".

Das Jahr 1839 brachte neben zwei anmuthigen, wenn auch weniger bedeutenden Kompositionen: „Arabeske" (op. 18) und „Blumenstück" (op. 19) die breit angelegte, von echt Schumann'schem Geist durchdrungene „Humoreske" (op. 20). Ein bunter Szenen- und Stimmungswechsel zieht hier an uns vorüber, beim Komponiren „lachte und weinte er durcheinander".[104]) So hat denn „Humor" für ihn einen weiteren Sinn, als wir gewöhnlich dem Worte beilegen, nämlich denjenigen einer freien, naiven Weltanschauung, die im Bewusstsein eigener Kraft der Aussenwelt gegenübertritt, hier mit Laune und Witz, dort gelegentlich auch mit einem Anflug von Sentimentalität, aber ohne sich jemals dem Banne einer einzelnen Stimmung völlig hinzugeben. Für sich genommen, stehen die einzelnen Sätze vollkommen auf der Höhe der Kreisleriana, als Ganzes jedoch leidet die Humoreske fühlbar unter dem Mangel der Einheitlichkeit.

E. T. A. Hoffmann.

Die „Nachtstücke" (op. 23), deren Titel wohl ebenfalls in Anlehnung an E. T. A. Hoffmann gewählt wurde — ursprünglich sollten sie „Leichenphantasie" heissen[105]), die einzelnen Sätze „Trauerzug", „Kuriose Gesellschaft", „Nächtliches Gelage", „Rundgesang mit Solostimmen"[106]) — sind das erste Erzeugniss jenes überreizten, hart ans Pathologische streifenden Seelenzustandes, der in späteren Jahren immer mehr Macht über Schumanns Gemüth gewann. Er war bei der Komposition so angegriffen, dass ihm die Thränen kamen; Leichenzüge, Särge, unglückliche, verzweifelte Menschen waren das Bild, das ihm vorschwebte. Aber in jener Zeit überwand seine Jugend die melancholischen Anwandlungen rasch. Im selben Jahre erschien der „Faschingsschwank aus Wien" (op. 26), der

Niederschlag des frohen Faschingstreibens an der Donau. Es ist ein Seitenstück zum Carneval; auch hier spielen äussere Erlebnisse eine grosse Rolle, so namentlich in dem Anklingen der damals in Wien polizeilich verbotenen Marseillaise. An Originalität freilich und blendender Stimmungsmalerei ist der Faschingsschwank seinem Vorgänger nicht gewachsen (mit Ausnahme des schon früher selbständig veröffentlichten „Intermezzo"); formell vollends gehören diese Stücke zu den lockersten Gebilden, die Schumann geschaffen.

Robert und Clara Schumann.
Lithographie (1847) von Ed. Kaiser. Vorlage im Besitze der Gesellschaft der Musikfreunde in Wien.

Mit den drei Romanzen (op. 28), der Fughette (op. 32) und einigen anderen, später erschienenen Werken einverleibten Klavierstücken schloss Schumann fürs Erste seine kompositorische Thätigkeit für dieses Instrument ab. Der Einfachheit halber mögen jedoch die späteren Klavierstücke auch schon hier Erwähnung finden. Die nächste Reihe steht durchaus unter dem Zeichen Bachs. Es sind die Studien op. 56 und Skizzen op. 58 für den Pedalflügel, wozu noch die sechs Orgelfugen über den Namen BACH (op. 60) treten. Das erste und dritte der genannten Werke gehören zu den edelsten Blüthen, die der Geist Bachs dem Boden der Romantik entlockte. Dort scheinen die Inventionen als Vorbild gedient zu haben; die Stücke sind mit einer erstaunlichen Combinationsgabe durchgeführt. In den Orgelfugen geht, gleichwie im Carneval, das thematische Material in letzter Linie aus einer rein äusserlichen Spielerei hervor. Und doch, was weiss Schumann aus diesen vier Noten Alles zu machen! In ihrem Grundton auf die Kunst Seb. Bachs gestimmt, verklärt sie doch ein leiser Schimmer des Schumannschen Charakterstücks mit seinen farbenreichen Gegensätzen. Die Vielseitigkeit und den Tiefsinn der in diesen Werken enthaltenen Kontrapunktik hat Schumann auch in seinen späteren grossen Werken nur selten wieder erreicht. Einen Nachhall zu diesen Werken bilden die Vier Fugen (op. 72).

Johann Sebastian Bach.

Von einer ganz anderen Seite zeigt sich Schumann in seinen Kinderstücken, dem „Jugendalbum" (op. 68) und den „Drei Sonaten für die Jugend" (op. 118, seinen drei ältesten Töchtern gewidmet). Eine lange Reihe von „Kinderstücken" haben diese Werke nach sich gezogen, aber keines erreichte die edle Naivität, die Sicherheit, mit der hier die feinsten Regungen der Kindesseele in Tönen wiedergegeben sind.

Die letzten Klavierstücke Schumanns kehren wieder zum Stile der ersten zurück; sie bieten kein näheres Interesse, wohl aber die vierhändigen Stücke, unter denen die „Bilder aus Osten" (op. 66) — nach Rückerts „Makamen" — zu den vollendetsten gehören. Ein Werk von ganz besonderem Reiz endlich ist das ursprünglich für Kammermusik gedachte „Andante und Variationen" für zwei Klaviere op. 46, ein würdiger Nachhall des an Meisterwerken so reichen Jahres 1842 und das vollendetste Variationenwerk, das wir Schumann verdanken.

Schumanns Jugendwerke, die Kinder einer stürmischen Zeit des Kampfes um Existenz, Liebe und Ruhm, bilden ein geschlossenes Ganzes. Er hat den hier angesponnenen Faden nicht wieder aufgenommen. Als er sein Ziel erreicht hat, tritt er zurück in die alten Geleise der Tradition. Eine stets vorwärtsdrängende Kampfnatur wie Wagner war er nicht; nach der Vereinigung mit Clara zog er sich mehr und mehr von der Aussenwelt zurück. So sind denn jene Werke für uns unschätzbar nicht bloss deshalb, weil sie uns ihren Schöpfer in seiner frischesten Originalität und auf seinem eigensten Gebiet, der Kleinkunst des Klaviers, zeigen, sondern sie liefern auch einen interessanten Beitrag zur Geschichte der modernen deutschen Programm-Musik in ihren Kindheitstagen. Schumann selbst hat sich allerdings, wie wir wissen, des öfteren dagegen verwahrt, dieser Richtung beigezählt zu werden. Allein versteht man darunter das Schaffen eines Komponisten unter dem Eindrucke einer poetischen Idee und dessen äussere Bekundung durch Text oder Ueberschrift — gehören diese Stücke mit ihren „inneren Stimmen", mit ihren unzähligen offenen und versteckten poetischen Beziehungen, mit ihrer weitverzweigten Symbolik nicht auch dazu? Für die moderne Zeit mögen sie freilich als sehr „zahme" Vertreter der Gattung gelten. Damals aber trugen sie einen bedeutend umstürzlerischeren Charakter und wurden von der Kritik zumeist denn auch als „verworren" abgelehnt. Der Hang zum Poetisiren in der Musik lag in der Luft, und Schumann, selbst eine Poetennatur durch und durch, ist ihm willig gefolgt, zumal zu einer Zeit, wo sein eigener Dichterflug ihn nochmals zu bedeutenden Höhen trug, nämlich zur Zeit seiner kritischen Thätigkeit.

Sie geht gewissermassen ergänzend und erklärend neben der rein musikalischen her. Ueber ihren äusseren Anlass haben wir schon oben gesprochen; es genügen daher hier nur ein paar Worte über Schumanns Schriftstellerei im Allgemeinen. Auch sie besass einen agitatorischen Charakter. Sie sollte der Entwicklung seiner Kunst, in deren Morgenröthe zu stehen er fest überzeugt war, die Pfade ebnen und dafür sorgen, „dass die Poesie in der Kunst wieder zu Ehren komme." [107])

Robert Schumann.
Photographie des Relief-Medaillons vom Leipziger Schumann-Denkmal.

Was Schumanns Kritiken ihre hohe und einzigartige Bedeutung verleiht, sind nicht etwa tiefere musikhistorische Kenntnisse oder scharfe, verstandesgemässe Analysen, sondern der feine, künstlerische Instinkt, dem sie sammt und sonders entsprungen sind. Seinen Standpunkt drückt er selbst deutlich aus mit den Worten: „Wir halten die für die höchste Kritik, die durch sich selbst einen Eindruck hinterlässt, dem gleich, den das anregende Original hervorbringt." [108]) Der musikalische Eindruck also, den das betreffende Tonwerk auf ihn gemacht, soll durch das Medium der Poesie auf den Leser übertragen werden. Diese Art von Kritik, die sich das hohe Ziel steckt, ein Kunstwerk durch ein Kunstwerk zu erklären, geht in letzter Linie auf Heinses „Hildegard von Hohenthal" zurück und war dann besonders von E. T. A. Hoffmann mit Glück gepflegt worden. Sie sollte von Schumann zur höchsten Vollendung geführt werden. Zum letzten Male macht sich hier das in der Jugendzeit gepflegte starke dichterische Talent selbstthätig geltend; noch einmal nimmt Schumanns poetische Muse einen erstaunlich kühnen Flug, um dann allmählich von der rein musikalischen ins zweite Treffen gedrängt zu werden. Förmliche lyrische Dichtungen[109]) wechseln ab mit novellenartigen[110]) oder gar dramatisch zugespitzten Stücken;[111]) nicht selten führt er den Leser mitten hinein in eine Romanszene. Es ist dieselbe Sphäre künstlerischen Empfindens, denen auch die Klavierstücke entstammen. Gleichwie die Figuren des „Carneval", so gleiten auch die hier vorgeführten Künstlergestalten in duftigem Dämmerlicht an uns vorüber; ihre Bilder sind nie in vollen Farben ausgeführt, aber die Umrisse so scharf gezeichnet, dass der Eindruck der Persönlichkeit sofort auch im Leser lebendig wird. Aber auch inhaltlich bilden die Kritiken

Brief Robert Schumanns.
(Einen Aufsatz für die „N. Z. f. M" betreffend.) Original-Manuskript im Besitz von Frau Ida Conrat in Wien.

interessante Parallelen zu den Klavierstücken, vor allem in der kampfesfrohen, fortschrittlichen Tendenz, die einem neuen, triebkräftigen Frühling in der Kunst die Bahn weisen will. Wie mancher Andere wäre unter ähnlichen Verhältnissen der Versuchung erlegen und hätte zu Gunsten eines „kräftigeren Tones" die Rücksichten des Taktes über Bord geworfen![112] Schumann — und dies erscheint als der höchste Vorzug seiner Schriftstellerei, weil es den Menschen ehrt — verleugnet seine feine Herzensbildung nie; er lobt, ohne zu schmeicheln und tadelt, ohne zu kränken (mit einziger Ausnahme, der vernichtenden Kritik über Meyerbeers „Hugenotten"), ja, er steht nicht an, den Irrthum eines übereilten Urtheils freimüthig einzugestehen (so in seiner Auffassung von Wagners „Tannhäuser").

Von Wagners Schriften scheidet somit diejenigen Schumanns eine tiefe Kluft. Jener stellt seine Schriftstellerei vollständig in den Dienst seiner Mission auf musikdramatischem Gebiete, sie ist ihm nur Mittel zum Zweck. Schumanns Kritik dagegen erzeugt selbst Kunstwerke, bis jetzt unerreichte Beispiele dichterischer Synthese, die den musikalischen Eindruck des Gehörten in dem Leser lebendig hervorzurufen im Stande ist.

Das Leipziger Robert Schumann-Denkmal
hinter der ersten höheren Bürgerschule.

Das Lied.

„Das Gedicht soll dem Sänger wie eine Braut im Arme liegen, frei, glücklich und ganz." So lautet ein Wort Schumanns in den „Gesammelten Schriften".[113]) Er schrieb es zu einer Zeit, da seine Liebe zu Clara eben in der ersten Jugendblüthe stand, und wohl mag in jenem Ausspruch etwas von der Wonne seines jungen Glücks nachzittern. Seiner Braut sollte es nach harten Kämpfen beschieden sein, den Sänger in ihm zu wecken und ihn damit auf eine neue, ungeahnte Stufe in der Entwicklung seiner Kunst zu erheben.

Die Liedkomposition war Schumann nicht fremd. Abgesehen von einigen eigenen Versuchen aus früherer Zeit, hatte ihn namentlich seine schriftstellerische Thätigkeit zu eigenem Nachdenken über diesen Kunstzweig veranlasst. In seinen Anschauungen ging eine merkwürdige Wandlung vor sich. Er, der bisher seiner ganzen Entwicklung gemäss die Gesangskomposition unter die Instrumentalmusik gesetzt hatte und von ihrer Minderwerthigkeit voll überzeugt war,[114]) begann nun plötzlich den Zauber der Vokalmusik zu fühlen. Er packte ihn mit solcher Gewalt, dass er sich für eine Zeit dem Gesang ganz in die Arme warf. „Ich könnte ganz darin untergehen, so singt und wogt es in mir."[115])

Schumanns Ansichten über die Aufgabe des Liederkomponisten sind überaus bezeichnend. Vor Allem verlangt er die Fähigkeit, den Sinn eines Gedichtes voll zu erfassen[116]) und in sein inneres Leben einzudringen;[117]) nur dadurch wird die „Wahrheit des musikalischen Ausdruckes,"[118]) der Hauptvorzug der „kunstvolleren und tiefsinnigeren Art des Liedes" der Neueren,[119]) erzielt. Hierzu ist aber besonders nothwendig die Ausnützung des gegen früher weit mehr ausgebildeten Begleitinstruments, des Klaviers. Ihm fällt die Aufgabe zu, „die feineren Züge des Gedichts" hervorzuheben.[120])

Schon in diesen eingehenden Reflexionen zeigt sich ein gewisser Gegensatz zu dem naiv schaffenden Schubert; er zeigt sich noch deutlicher in der sorgfältigen Auswahl der Texte[121]). Gerade sie liefert uns einen werthvollen Beitrag zur Kenntniss von Schumanns Geistesrichtung.

Die ganze Märchenpracht der Romantik steigt in diesen Liedern vor uns empor. Das träumerische Sichversenken in die Welt der Vergangenheit, der Sage und des Märchens, der Hang zu sentimentaler Grübelei in seiner merkwürdigen Vermengung mit sarkastischem Humor, endlich das starke Hinneigen zum Volksmässigen — all dies erweckte in der Brust des in Jean Pauls Sphäre grossgewordenen Künstlers verwandte Töne. Aus demselben Anschauungskreis herausgewachsen, ist er der klassische Sänger der Romantik geworden.

Der ganze Reichthum von Schumanns künstlerischem Empfindungsleben zeigt sich darin, dass er zwei so verschiedene Dichternaturen wie Eichendorff und Heine in den Kreis seiner Liedkomposition hereinzog. Die glänzende Farbenpracht der Lyrik Eichendorffs, die das Rauschen der Quellen und des Waldes belauscht, die das nächtliche Leben und Weben, seine Schauer und seinen flimmernden Zauber zu künden weiss, weckten in Schumanns Brust einen überreichen Strom von Melodien. Allein der „Liederkreis" (op. 39) mit der die Stimmung des Gedichtes geradezu klassisch wiedergebenden „Mondnacht" legt ein beredtes Zeugniss dafür ab, welche Töne Schumann für alle Schattirungen der Romantik zur Verfügung standen.

Redet Eichendorff's Lyrik mehr objektiv, aus fremdem Gefühlsleben heraus zu uns, so ergeht sich diejenige Heinrich Heine's fast durchweg in Selbstbekenntnissen. Der Dichter schwelgt in der Schilderung der Freuden und noch mehr der Leiden seines eigenen Ich, und dieser durchaus subjektive Zug mag gerade in Schumanns Brust eine verwandte Saite berührt haben. Mit der ganzen Innerlichkeit und Reinheit seines Empfindens geht er daran, den Stimmungsgehalt dieser Lieder, so wie er sich seinem gläubigen Herzen darstellt, musikalisch wiederzugeben. Aber es erging ihm dabei wie so manchem arglosen Liederkomponisten; er übersah den genialen Schalk, der in diesen Gedichten sein Wesen treibt und stets bereit ist, durch eine witzige Selbstparodie den holden Wahn zu zerstören. Auf diese Bahn hätte Schumann seinem Dichter auch niemals zu folgen vermocht, denn sie hätte ihn sofort an die Grenze des Machtbereichs seiner Kunst überhaupt geführt. Tragikomische Situationen vermag sie zu schildern — wie z. B. im

Heinrich Heine.

„Armen Peter" —, die vielverschlungenen Wege der Ironie dagegen sind ihr verschlossen. Vermochte Schumann somit den Geist der Heine'schen Lyrik nicht mit derselben Treue wiederzuspiegeln, wie z. B. den der Eichendorff'schen, so sind doch gerade hier — man denke an die „Dichterliebe"[122]) — unter seiner Meisterhand lyrische Gebilde entstanden, die jede Regung des Unbefriedigtseins von vornherein fernhalten. Aus seinem eigenen, reineren Geiste heraus schuf er diese Lyrik gleichsam neu; offen und wahrhaftig wie er war, verklärte er auch diese ursprünglich einer ganz anderen Muse angehörenden Schöpfungen mit dem ganzen Zauber seiner Liebeslyrik. Es mag immerhin Naturen geben, denen der Schumann'sche Heine mehr zusagt als der ursprüngliche.

Eine weitere Seite von Schumanns lyrischer Begabung weisen die Kompositionen von Gedichten Byron's und Robert Burns' auf. Ersterer der Sänger des Weltschmerzes und der Sehnsucht nach dem Ueberirdischen, letzterer in grellem Kontrast dazu der derbe Dichter des Volks — beiden vermochte Schumanns Muse gerecht zu werden. Er ähnelt darin Justinus Kerner, dessen Poesie ja ebenfalls ein merkwürdiges Gemisch zwischen rein Volksmässigem und sensiblem Gefühlsüberschwang aufweist. Mit welch glücklichem Erfolge sich Schumann mit dieser merkwürdigen Dichtergestalt auseinanderzusetzen verstand, zeigt am besten die Liederreihe op. 35, von der Nr. 4, „Wohlauf noch getrunken" das populärste Stück geworden ist; hier finden sich beide kontrastirende Stimmungen auf das Glücklichste ausgeprägt.

Die Gedichte von Roberts Burns und Robert Reinick waren es, die Schumanns Liederkomposition um einen neuen, charakteristischen Zug bereicherten. Seine Lyrik wendet sich hier plötzlich der schlichten, treuherzigen Weise des Volksliedes zu, und gerade diese Lieder, z. B. „Schlafe, süsser Donald" (aus op. 25)

und „O Sonnenschein" (op. 36)

gehören zu dem Anmuthigsten und Frischesten, was Schumann auf dem Gebiete der Liedkomposition geschaffen hat.

Die übrigen Dichter, Rückert, Goethe, Geibel, Mörike heben sich weniger charakteristisch aus Schumanns musikalischer Lyrik hervor. Die vereinzelten echten und ergreifenden Laute von Rückerts Liebeslyrik finden auch bei Schumann volltönenden Widerhall — man vergleiche op. 25 und 37 —; im Uebrigen aber bildete die wortreiche und gewandte Verskunst dieses Dichters selbst für Schumann eine Klippe, die er nicht immer mit Glück vermied.

Eines Dichters aber müssen wir hier noch gedenken, dessen Werk Schumann zu einer seiner vollendetsten Liedschöpfungen anregte, A. v. Chamissos mit seinem Cyklus „Frauenliebe und Leben". Schumann hat darin auf dem Gebiete des Liedes den vollendetsten Ausdruck für alle Regungen des weiblichen Gemüthslebens getroffen. Eusebius feiert hier seine schönsten Triumphe; die Blüthen zartester Lyrik, die er uns hier spendet, lassen uns selbst den hypersentimentalen Charakter der Dichtung vergessen, der uns heutzutage nicht mehr so munden will, wie in jenen Tagen schwärmerischer Gefühlsromantik.

Adalbert von Chamisso.

Schumann betrat das Gebiet der Liedkomposition vom Klaviere aus. Er hatte die Technik dieses Instrumentes in einer Weise bereichert, die es ihm ermöglichte, dem jeweiligen Stimmungsausdruck bis in seine zartesten Schattirungen gerecht zu werden und die orchestralen Wirkungen der

Romantiker seinerseits auf dem Klaviere hervorzuzaubern. Dies ist auch für die Beurtheilung seiner Lieder ausschlaggebend und kennzeichnet namentlich die Verschiedenheit derselben von den Liedern Schuberts. Ist in den Klavierkompositionen des Letzteren überall der Liederkomponist am Werke, so finden wir umgekehrt in Schumanns Liedern auf Schritt und Tritt den Klavierkomponisten gegenwärtig. Das Klavier ist nicht einfaches Begleitinstrument, sondern betheiligt sich selbständig am Ausdruck der lyrischen Stimmung, die Singstimme ergänzend und den psychologischen Faden einer Dichtung fortspinnend, auch da, wo das Dichterwort selbst aussetzt. Das vielverschlungene harmonische Tonweben von Schumanns Klavierstil dient ihm recht eigentlich dazu, „in das Leben des Gedichtes einzudringen." Am deutlichsten zeigt sich dies in den Anfängen und Schlüssen der Lieder. Dort bereitet der Komponist dem Dichter den Weg; er ergänzt die Voraussetzungen, die jener verschweigt oder nur leise andeutet. Meisterhaft ist die Art, wie Schumann den Hörer gleichsam unmerklich in seinen Vorspielen in die Stimmung des Gedichtes hinübergleiten lässt; das Klavier singt uns gewissermassen ganz allmählich in diese Stimmung hinein. Ein bekanntes Beispiel liefert das Lied „Im wunderschönen Monat Mai" mit seinem hinsichtlich der Tonalität so merkwürdig schwankenden Vorspiel und der unerwarteten harmonischen Wendung beim Eintritt der Singstimme.

Noch bedeutender ist die Rolle des Klaviers bei den Schlüssen. Hier lässt Schumann nicht allein die Stimmung des Gedichtes leise ausklingen, sondern erschliesst öfters ganz neue Ausblicke. Nachspiele wie das in Nr. 16 der „Dichterliebe" und in den meisten andern Stücken dieses Cyklus erheben sich vermöge ihres theilweise vollständig neuen Ideengehaltes auf die Stufe selbstständiger Tongedichte, wie sie vor Schumann noch nicht dagewesen waren.

Auch innerhalb der einzelnen Lieder nimmt das Klavier eine der Singstimme ebenbürtige Stellung ein. Mit vollem Recht verlangte Schumann bei seinen Liedern von dem Sänger ein eingehendes Studium des Klavierparts. Denn ohne dieses ist bei der überwiegenden Mehrzahl der Lieder ein den Intentionen ihres Schöpfers entsprechender Vortrag unmöglich. Nur in einzelnen im Volkston gehaltenen Liedern ruht die Melodie durchweg in Händen der Gesangsstimme; in den meisten übrigen hat das Klavier selbstständigen Antheil an der Führung der Melodie. In einigen Stücken, wie z. B. im „Nussbaum" oder in „Im Walde" (aus op. 39) findet eine vollständige Theilung der Melodie zwischen Singstimme und Klavier statt; in anderen tritt letzteres mit selbstständigen melodischen Bildungen neben den Gesang. Zahlreich sind ferner die Lieder, wo das Klavier vollständig seine eigenen Wege geht und die Singstimme rein deklamirend dazu tritt: „Das ist ein Flöten und Geigen." (op. 48. Nr. 9.)

So wird mit Schumann auch auf dem Gebiet des Liedes das Instrument immer mehr Träger des Stimmungsausdrucks. Hatte seine Beherrschung des Klavierstils einen entscheidenden Einfluss auf seine Auffassung von der Liedkomposition ausgeübt, so wirkte die Beschäftigung mit dem Liede ihrerseits

Du Ring an meinem Finger, Paul Thumann
Mein goldenes Ringelein — —

Aus Chamisso's „Frauenliebe und -Leben", illustriert von Paul Thumann.
Verlag von Adolf Titze in Leipzig.

wiederum auf die Weiterentwicklung seines Klavierstils befruchtend ein. Die eigenthümliche polyphone Stimmführung erfährt eine weitere Ausgestaltung; die merkwürdigen, ineinander gleitenden harmonischen Gebilde mehren sich, sie treten in den Dienst einer bestimmten poetischen Idee und bilden von nun an eines der hauptsächlichsten Ausdrucksmittel des romantischen Elementes in Schumanns Kunst.

Auch in melodischer Hinsicht bezeichnen die Lieder einen merklichen Fortschritt gegenüber den Klavierkompositionen. Der Grundcharakter der

Robert Schumann.
Nach einem Staalstich von A. Hüssener, im Besitz der Gesellschaft der Musikfreunde in Wien.

Melodik ist zwar in beiden derselbe, allein das Dichterwort hat auch hier einen läuternden Einfluss ausgeübt, insofern als Schumanns Genius nicht mehr den Einfällen seiner Phantasie rückhaltslos nachgiebt, sondern bewusst über all diesen Reichthum verfügt und seine Mittel höheren künstlerischen Zwecken unterordnet. Die wohlbekannten Keime und Ansätze von Melodien finden sich auch in seinen Liedern, aber sie dienen hier dem Ausdruck traumhaft verschleierter Empfindung, wie z. B. in op. 25, Nr. 3 („Der Nussbaum"); op. 39, Nr. 11 („Im Walde"). Daneben treten jedoch freiere, weitgeschweifte melodische Bildungen, wie sie in jenen Jugendwerken nur sehr selten anzutreffen sind. Auch versteht Schumann nunmehr den Gehalt einer Melodiephrase tiefer auszubeuten. Das klassische Beispiel hiefür bietet die bekannte „Mondnacht" in op. 39, der bis zum Schlusse ein und dasselbe melodische Motiv zu Grunde liegt:

Wir wissen, dass Schumann bis zum Jahre 1843 am Klavier zu komponiren gewohnt war, also bis zu einem Zeitpunkt, da die Hauptschöpfungen seiner Liedkomposition schon vollendet waren. Jedenfalls stand er zur Zeit ihrer Entstehung noch durchaus auf dem Boden der Instrumentalmusik. Es ist erstaunlich, welch reiche Früchte Schumann dem kaum erst gewonnenen Boden zu entlocken verstand, zugleich aber findet man es begreiflich, dass er bei den Verfechtern des rein Gesangesmässigen in der Liedkomposition hinsichtlich der Deklamation da und dort Anstoss erregte. Gerade dem modernen, an alle Subtilitäten der Deklamation gewöhnten Ohr mag so manches befremdlich erscheinen und einen Theil davon wird man ruhig auf Rechnung von Schumanns mangelhafter Kenntniss des Vokalen schreiben dürfen. Allein der Hauptgrund dieser Erscheinung liegt in seiner gesammten künstlerischen Entwicklung begründet. F. Brendel traf das Richtige, als er Schumanns Lieder nicht „Gesänge", sondern „Musikstücke" nannte. Sie sind die richtige Fortsetzung der Charakter- und Phantasiestücke für Klavier allein, die ja ebenfalls stark mit poetischen Ideen durchsetzt waren. Aus dem Geiste der Klaviermusik heraus sind auch seine Gesangsmelodien erwachsen; aus dem Klange des Klaviers, der für ihn alle Orchesterstimmen in sich schloss, tönte ihm auch die menschliche Stimme entgegen. Daher der innige Kontakt zwischen Instrument und Singstimme, dem zuliebe letztere ab und zu eine ihrer speziellen Forderungen opfern muss; daher auch die straffe Einheitlichkeit all dieser Lieder. Trotz des genannten grundsätzlichen Unterschiedes gegenüber Schubert ist es Schumann gelungen, sich diesem ebenbürtig zur Seite zu stellen. Seinen Schöpfungen gegenüber ist das Lied Mendelssohns längst verblasst. Auch die Geziertheit und oft raffinirte Sentimentalität seiner Texte, die uns heutzutage mehr oder minder zum Bewusstsein kommt, vergessen wir über der gesunden und wahr empfundenen Musik. Die Dichter der aus unserem Gefühlskreise mehr und mehr schwindenden Romantik können ihrem Sänger Dank dafür wissen, dass er ihr Empfinden in seinen Tönen bis auf heute lebendig erhalten hat.

In den Kompositionen für zwei und mehrere Singstimmen ging Schumann mit derselben künstlerischen Gewissenhaftigkeit zu Werke. Die Mehrstimmigkeit war für ihn nicht bloss Zufall, sondern entweder bereits von den Dichtern angedeutet oder doch durch ganz bestimmt erkennbare künstlerische Gründe gerechtfertigt. Mendelssohn individualisirt in seinen Duetten höchst selten, für ihn haben diese Kompositionen nur ein rein musikalisches Interesse. Schumann dagegen dringt auch hier in das „innere Leben" des Gedichtes ein; er führt die zwei oder mehr Individualitäten, die ihm der Dichter an die Hand giebt, auch musikalisch durch, es sei denn, dass er die schlichte Art des naiven mehrstimmigen Volksgesanges im Auge hat (wie z. B. in den Duetten des „Liederalbums für die Jugend").

Einen besonderen Reiz bieten die 3 Cyklen: „Spanisches Liederspiel" (op. 74), „Spanische Liebeslieder" (op. 138) und deren deutsches Gegenstück „Minnespiel", Werke, in denen ein-, zwei- und vierstimmige Sologesänge miteinander abwechseln. Das bedeutendste ist das zuerst genannte. Wieviel lyrischer Gehalt in diesen spanischen Liedern steckt, das hat uns erst in jüngster Zeit Hugo Wolf gelehrt. Charakteristisch genug ist der Unterschied beider in der musikalischen Behandlung des Stoffes. Der moderne Meister sieht in seinen Gedichten allein die Seelenbekenntnisse eines einzelnen Individuums und zieht deshalb den Einzelgesang vor. Schumann dagegen führt uns verschiedene Gruppen von Individuen vor Augen, die sich wechselseitig ihre Gefühle aussprechen. Er erhält dadurch ein farbenreiches, lebendiges, dem südlichen Charakter des Ganzen wohl entsprechendes Bild. Das ganze Werk mit seinem reichen Kolorit und seinen diskret verwandten nationalen Anklängen gehört zu den liebenswürdigsten Kindern der Schumann'schen Gesangsmuse.

Das neue Schumann-Denkmal in Zwickau.

Schumann-Huldigung.
Zeichnung von Fidus für „Deutschlands Liederschatz" (Verlag Tessarotypie-Aktien-Gesellschaft.)

Chor- und geistliche Kompositionen.

Schumanns Chorkompositionen wurden zum grössten Theile durch seine Dresdener Dirigententhätigkeit angeregt. Sie fallen somit Alle in eine Zeit, in der die Neigung zum Volksmässigen einerseits und zum Balladenhaften, dramatisch Zugespitzten andererseits sich immer stärker geltend machte. Die volksmässig gehaltenen, wie z. B. das „Hochlandsmädchen", das „Jägerlied", haben die meiste Beliebtheit erlangt. In den Dichtungen dominirt R. Burns. Was die musikalische Behandlung betrifft, so ergiebt sich aus dem ganzen Charakter dieser Stücke, dass von wirklicher Polyphonie darin keine Rede sein kann. Hier und da finden sich imitatorische Ansätze, auch die bei Schumann so beliebte kanonische Behandlung tritt einmal auf (op. 69, Nr. 6). Im Uebrigen aber wahren alle diese Stücke den schlichten Charakter des Volkstones. Dagegen zeigt eine andere Reihe, die „Romanzen und Balladen" (op. 67, 75, 145, 146), deutlich die Absicht dramatischer Charakteristik. Das verhaltene Streben nach wirklich dramatischen Leistungen, das Schumann in seiner letzten Periode nicht mehr losliess, spiegelt sich auch in diesen Werken wieder. Es zeitigte allerhand wunderliche Gedanken, so die Komposition von R. Burns' „Zahnweh" und der „Romanze vom Gänsebuben" und aparte Instrumentaleffekte, so in der Begleitung von Uhlands „Schifflein" (op. 41, mit Flöte und Horn). Von den Chören patriotischen Inhalts war schon die Rede; ein Gegenstück dazu bilden die „Drei Gesänge für Männerchor" (op. 62).

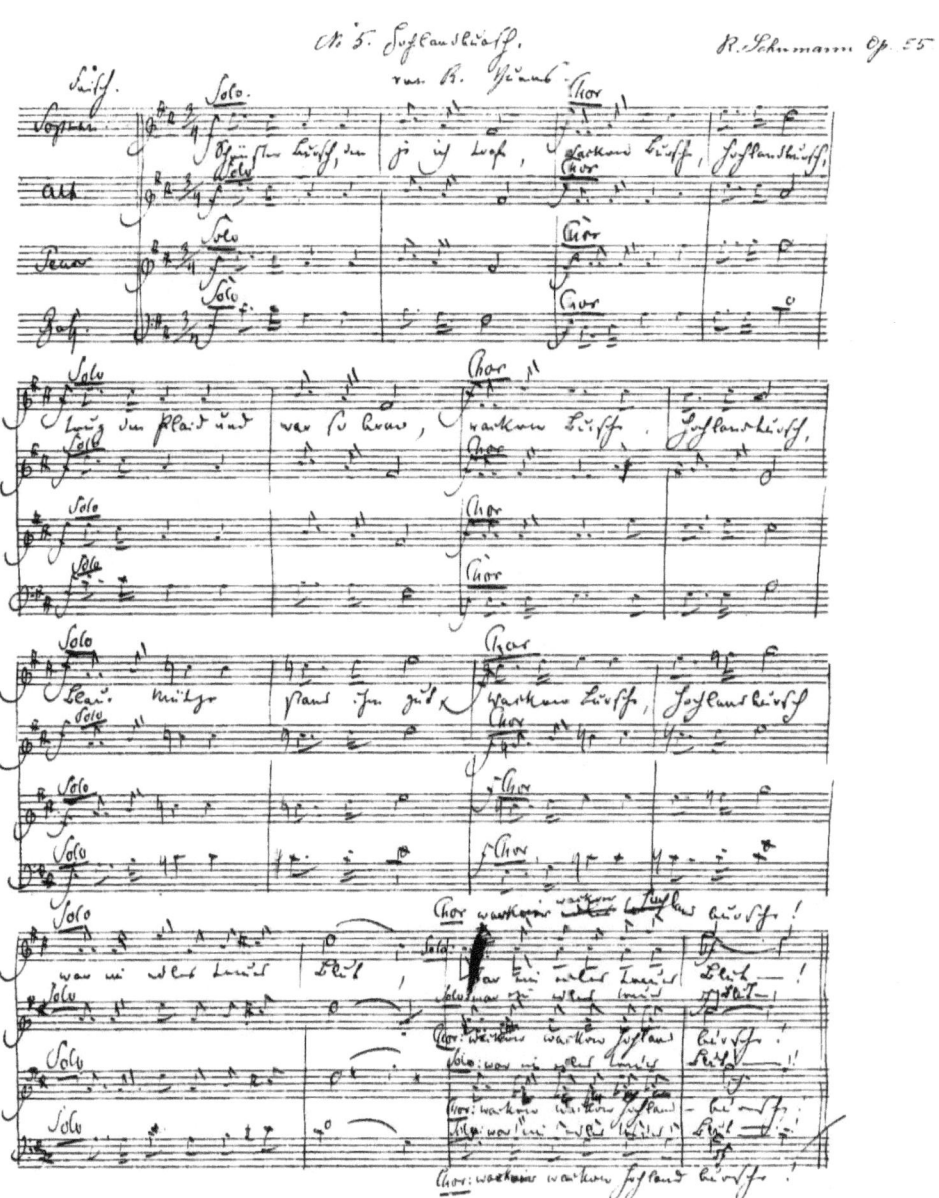

Handschrift Robert Schumanns.
Original im Besitze von Dr. Max Friedlaender in Berlin.

Beilage zu H. Abert's Schumann-Biographie.

Eine Ausnahmestellung unter all diesen Stücken nehmen die Ritornelle op. 65 ein. Sie sind allesamt kanonisch gehalten und beweisen aufs Neue, welche Lebenskraft dieser Form in der modernen Kunst innewohnt. Schumanns geübter Hand ist es hier gelungen, der Komposition für Männergesang, die nur allzuleicht dem Fluch der Eintönigkeit verfällt, ein neues belebendes Element zuzuführen und neue, überraschende Wirkungen hervorzurufen. Die hier gegebene Anregung ist leider noch viel zu wenig ausgebeutet worden, und auch die Männerchöre selbst, die hierin nicht allein bedeutende Musikstücke, sondern auch ein vorzügliches Studienwerk besitzen, haben diesen Ritornellen noch nicht die gebührende Beachtung geschenkt.

An die eben besprochenen Werke schliesst sich eine Reihe von Chorkompositionen an, welche die Brücke zu seinen geistlichen Kompositionen bilden. Das schönste unter ihnen, ein Meisterwerk in kleinem Rahmen, ist das „Requiem für Mignon", op. 98b, für Soli, Chor und Orchester. Goethe verlangt für das Andenken Mignon's einen „holden Gesang". Schumann, der Meister kindlichen Ausdrucks, der Herzenskündiger des jungfräulichen Lebens, war vor Allen dazu berufen, diese Forderung zu erfüllen. Er giebt uns keine Trauermusik grossen Stiles; seine Musik, von zartester Empfindung durchtränkt, ist eine sanfte Totenklage um die Dahingeschiedene, sie zeigt uns zugleich Goethes Idealgestalt im Lichte holder Verklärung. Der elegische Grundcharakter wird trotz leiser dramatischer Zuthaten und trotz der bis zum Schlusse anhaltenden Steigerung beibehalten, und so gehört dieses Werk, das freilich den Pomp der Konzertsäle nun und nimmer verträgt, zu Schumanns einheitlichsten und glücklichsten Tonschöpfungen.

Es ist bezeichnend für Schumanns rastlosen Schaffensdrang, der ihn dazu trieb, nach und nach alle Gebiete des musikalischen Schaffens zu erobern, dass er am Schlusse seiner Thätigkeit sich auch noch der geistlichen Musik zuwandte. Es war ihm trotz aller Anstrengungen nicht beschieden, mit seinen Werken auf diesem Gebiete aus dem Schatten seiner übrigen Meisterwerke herauszutreten. Der ihm eigenthümliche Stil, der seine schönsten Blüthen auf dem Gebiet kleinerer Formen zeitigte, erwies sich dem hohen Kothurn der geistlichen Musik gegenüber als unzulänglich, so sehr sich auch seine Neigung zu Schwärmerei und Mystik gerade zur Komposition des katholischen Messtextes hingezogen fühlen mochte.[128]) Charakteristisch ist übrigens, dass er sich zuerst an geistlichen Liedern zeitgenössischer Dichter versuchte. Es gehören hierher die Motette „Verzweifle nicht" von Rückert (op. 93) für doppelten Männerchor, der er später noch eine Orgelbegleitung hinzufügte, ferner desselben Dichters „Adventlied" (op. 71) für Solo, Chor und Orchester und „Neujahrslied" (op. 144) für Chor und Orchester.

Die Messe (op. 147) und das Requiem (op. 148) sind, obwohl durch das katholische Düsseldorf angeregt, doch nicht zur eigentlichen liturgischen Benützung bestimmt gewesen, wie aus ihrer der Messhandlung zuwiderlaufenden Form hervorgeht. Der Schwerpunkt beider Werke liegt der Natur der Sache gemäss in den Chorpartieen, mithin auf einem Gebiete, das nie Schumanns besondere Stärke gewesen. Trotzdem enthält namentlich die Messe so manche schöne und ergreifende Partien, um derentwillen das Ganze wohl öfter aufgeführt zu werden verdiente, als thatsächlich der Fall ist. Die Todtenmesse dagegen steht, mit einziger Ausnahme des Dies irae, an künstlerischem Werthe bedeutend zurück.

Chorballaden.

„Das Paradies und die Peri" ist nicht nur für Schumanns Entwicklung, sondern auch für die Entwicklung der neueren Kunst im Allgemeinen von hohem Interesse. Inhaltlich durch die Einführung der orientalischen Wunderwelt in den Stoffkreis des Oratoriums, formell durch die Verquickung der letzteren Kunstform mit balladischen Elementen.

Neuer Grabstein für Robert und Clara Schumann auf dem Friedhof zu Bonn.
Nach einer Photographie der Gesellschaft der Musikfreunde in Wien.

In ersterer Hinsicht that Schumann auf dem Gebiet des Oratoriums einen ähnlichen Schritt wie Weber mit seinem „Oberon" auf dem Gebiete der Oper. Mit Mendelssohns „Walpurgisnacht" hatte sich allerdings auch schon vordem die Romantik dieser Kunstform bemächtigt; Schumann führt uns aus dem nordischen Zauberspuk hinweg in die flimmernde Märchenpracht Indiens. Wiederum ist es eine weibliche Seele, deren Herzensschicksale uns der auf diesem Gebiete unübertroffene Meister offenbart, und manches in dem Werke klingt wie ein potenzirtes Weiterspinnen des Gefühlskreises von „Frauenliebe und Leben". Die Irrfahrten der Tochter der Lüfte, die nach mancherlei vergeblichen Versuchen „des Himmels liebste Gabe", nämlich die Reuethräne des Sünders und damit die Wiederkehr in das Paradies erlangt, boten dem Tondichter Gelegenheit zur Entfaltung seiner bedeutendsten Vorzüge, der Innigkeit und Wahrheit des Ausdruckes und der meisterhaften Zeichnung des zauberischen romantischen Kolorits. Schumann hat über dieses Werk, das er selbst für sein bestes erklärte, eine solche Fülle echter musikalischer Poesie ausgegossen, dass der Hörer ganz unvermerkt über die in der Textbearbeitung versteckten Mängel hinweggleitet. Der fühlbarste davon ist das mehrfach wiederholte Motiv der Rückkehr nach den Pforten des Paradieses und der zweimaligen Abweisung, das im dritten Theile ein gewisses Erlahmen der Handlung nach sich zieht.

Die „Peri" gehört an und für sich zu den Oratorien, weist aber daneben deutliche Merkmale der Balladenkomposition auf. Dies zeigt sich namentlich in der Behandlung der erzählenden Partien, die in dem Werke einen besonders breiten Raum einnehmen. Schumann lässt sie bald vom Chor, bald von Solostimmen ausführen; er hatte die Empfindung, dass die Person eines einzigen Erzählers die Gefahr der Monotonie heraufbeschwöre. Aber auch die Erzählung selbst läuft nicht mehr in den Bahnen des alten Recitativs, sondern nähert sich mehr oder minder dem Ariösen, mit der Tendenz, die Textworte musikalisch genau zu illustriren. Nun kamen gerade in diesem Werke die erzählenden

Zeichnung von Fidus.

Abschnitte der musikalischen Behandlung ganz besonders entgegen. Schumann hat hier denn auch Tongebilde geschaffen, die zu den Glanzstücken des Ganzen gehören und zum grossen Theile die Chöre an Werth merklich übertreffen. Fraglich ist nur, ob sich dieses Prinzip auch als allgemein wirksam erweist. Die Gefahr liegt allzu nahe, dass diese erzählend-lyrischen Abschnitte die Wirkung der eigentlichen lyrischen Höhepunkte abschwächen und so den Gesammteindruck abspannender Monotonie hervorrufen.

Bei Schumann ist dies, wie bemerkt, nicht der Fall. Die Sologesänge der „Peri" gehören zu den schönsten Blüthen seiner Lyrik; auf ihnen hauptsächlich und dem überaus sorgfältig und reizvoll bedachten Orchester beruht die Wirkung des Ganzen, während die Chorsätze mehr zurücktreten. So erscheint das Ganze gewissermassen als eine Steigerung der Liedercyklen. Die Darstellungsmittel sind erweitert, das Orchester ist an die Stelle des Klaviers getreten, aber die Empfindungssphäre ist dieselbe geblieben, ja da und dort noch mehr verinnerlicht. Bei der Komposition des Werkes hörte Schumann eine innere Stimme sich zuflüstern: „dies ist nicht ganz umsonst, was du thust."[124] Die Zeit hat ihm Recht gegeben. Auch heute noch erweist die zarte Tochter des Paradieses, wo immer sie sich auf Erden niederlässt, ihre alte Wunderkraft, alle unbefangenen Herzen erhebend und beglückend.

Eine ins „Dörfliche, Deutsche" gezogene[125]) Nachfolgerin der „Peri" ist „Der Rose Pilgerfahrt". Die genannten Ausdrücke Schumanns beziehen sich nur auf das äussere Milieu der Handlung. Seinen Charakter nach streift das Werk, weit entfernt von bäuerlicher Derbheit, öfters stark die Sphäre des Weichlichen und Ueberempfindsamen. Der Text stammte von M. Horn, der jedoch von Schumann selbst eingehende Instruktionen erhielt; man kann nicht sagen, das beide damit eine besonders glückliche Hand bewiesen hätten. Der Stoff ist durchaus idyllisch und Schumann hatte demzufolge auch ganz richtig anfänglich bloss das Klavier zur Begleitung herangezogen. Erst später folgte auf Drängen seiner Freunde die Orchestrirung, die den bescheidenen Stoff nun plötzlich zur Haupt- und Staatsaktion erhob. Die Musik an sich ist glücklich erfunden und giebt den Stimmungsausdruck vollständig wieder; es sei hier nur an den einleitenden Frühlingsgesang und an den Trauerchor erinnert.

Schumanns Stellung zur Ballade im Allgemeinen ist nicht leicht zu präcisiren. Balladen im Sinne Carl Löwes hat er nur wenige geschrieben, wie z. B. die „Löwenbraut" und „Die beiden Grenadiere"; in den übrigen als „Balladen" bezeichneten Kompositionen der früheren Zeit bringt er die verschiedenartigsten Formen zur Anwendung. Ein bestimmtes Streben, eine neue Form zu schaffen, findet sich erst mit dem „Königssohn". Die Anregung dazu hatte Schumann bei der Komposition der Peri erhalten; es handelte sich bei allen diesen Stücken („Königssohn", „Des Sängers Fluch", „Vom Pagen und der Königstochter", „Das Glück von Edenhall"), die von ihren Dichtern Uhland und Geibel als „Balladen" bezeichnet waren, darum, die knappe Form der Dichtung dergestalt zu erweitern, dass sie, halb Balladen, halb Oratorien, unter Aufbietung grösserer Mittel vor ein grosses Konzert-Publikum gebracht werden konnten. Die ursprüngliche Fassung musste sich zu diesem Zwecke Aenderungen, Verstümmelungen, Zusätze gefallen lassen, eine Methode, die, trotzdem sie viel Widerspruch erregt hat, einwandfrei ist, sobald durch die Umänderung ein wirkliches Kunstwerk entsteht. Allein Schumann verlor bei diesen Anfangsversuchen auf einem neuen Gebiete, bei denen ihm nicht, wie bei der „Peri", der Text zu Hilfe kam, bald den Boden unter den Füssen. Das Ideal, zu dem es ihn in jenen letzten Jahren immer und immer wieder hinzog, war ein anderes als die Chorballade. „Das Ganze scheint mir von grosser dramatischer Wirkung", so schreibt er bezüglich des „Sängers Fluch" an R. Pohl;[126]) es scheint, als ob den unermüdlich nach neuen dramatischen Lorbeeren strebenden Künstler diese Sehnsucht an seinem Lebensabend mit erneuter Stärke heimgesucht hätte, als ob er diese Balladen als Anweisungen auf eine spätere grössere dramatische That betrachtete — spähte er doch gerade in jenen Jahren unablässig nach einem neuen Operntext aus.

Eine weitere Gruppe in Schumanns Balladenkomposition bilden die drei melodramatischen Stücke: „Schön Hedwig" (von Hebbel, op. 106), „Vom Haideknaben" und „Die Flüchtlinge" (von Shelley, op. 122). Hier verzichtete er auf musikalische Deklamation überhaupt und vertraute den ganzen Stimmungsgehalt der Dichtung dem Klavier an, wie denn überhaupt in jenen letzten müden Wochen des Jahres 1853 das Instrument, das den Jüngling dereinst zu den Höhen des Ruhmes getragen, sich wieder häufig in seinen Kompositionen einstellt.

Robert Schumann.
Nach einer im Verlage F. Paterno in Wien erschienenen Lithographie von Ed. Kaiser.
Vorlage im Besitz der Gesellschaft der Musikfreunde in Wien.

Orchester- und Kammermusik.

Der Uebergang zur Kammer- und Orchestermusik bezeichnet einen Wendepunkt in Schumanns künstlerischer Entwicklung. Die damit gegebene Hinwendung zu den alten Kunstformen der Klassiker bedeutete zugleich ein Abgehen von den Prinzipien seiner Jugend. Die poetisirende Tendenz der Klavierwerke und der damit verbundene kräftige fortschrittliche Zug treten zurück zu Gunsten grösserer Objektivität und formeller Abrundung. Freilich, gänzlich vermochte Schumann auch fortan den Idealen seiner Jugend nicht zu entsagen. Auch in den Symphonien und Quartetten drängen sich allerhand geheimnissvolle Geister, so manche deutlich redende „innere Stimme" hervor und verbreiten über das Ganze jenen mystisch-phantastischen Schimmer, der die Jugendwerke verklärt. Im Grossen und Ganzen aber vollzieht sich eine bewusste Abkehr von der früheren Weise; Bach, Beethoven, Mendelssohn und nicht zuletzt Schubert mit seiner neuerstandenen C dur-Symphonie zogen ihn mit unwiderstehlicher Gewalt von jenem „wüsten Zeug" hinüber auf das durch die Werke der Klassiker geheiligte Gebiet der Symphonie- und Sonatenform. Der Davidsbündler, der vordem das Schwert der Opposition geschwungen hatte, kehrt nunmehr in den Schoss der Tradition zurück; er verzichtet darauf, die Prinzipien seiner Jugendjahre bis in ihre letzten Konsequenzen zu verfolgen. Dies mag dem heutigen Historiker als ein Stillstand erscheinen, für Schumann selbst bedeutete es eine neue gewaltige Anspannung seiner geistigen Energie, ein Einleben in einen ihm bis dahin völlig ungewohnten Stil. Er hatte bis jetzt Randzeichnungen geliefert, nun schickte er sich an, al fresco zu malen. Man konnte füglich darauf gespannt sein, wie Schumann sich mit der Symphonie Beethovens auseinandersetzen würde, er, der Meister der Miniatur, des Aphorismus, des geisterhaft vorüberschwebenden Phantasiebildes. Es ist klar, dass die genannten Eigenschaften, die sowohl im Geiste der Zeit, wie namentlich auch in Schumanns

Original-Manuscript Robert Schumanns. (Erste Bearbeitung 1841.)
(Im Besitze der Gesellschaft der Musikfreunde in Wien.)

Beilage zu H. Abert's Schumann-Biographie.

Naturell tief beschlossen waren, der Weiterentwicklung der Sonatenform nicht gerade günstig waren. Und in der That liegen die Vorzüge der Schumannschen Symphonie nicht auf der Seite der thematischen Arbeit, des logischen Aus- und Ineinanderspinnens der Motive. Die Neigung Schumanns zum Abrupten, Sprunghaften macht sich auch hier geltend; er reiht seine Motive lieber aneinander, als dass er sie auseinander entwickelte; im gegebenen Falle führt ihm seine unerschöpfliche Phantasie wohl auch zu rechter Zeit ein vollständig neues und überraschendes melodisches oder harmonisches Gebilde zu. Was Schumanns Symphonien besonders auszeichnet, die nie versagende Originalität der Gedanken, der tiefe Ernst und der hinreissende Schwung echter Begeisterung, dem sie alle entsprungen sind, das Alles sichert diesen Werken eine Ehrenstelle in der Geschichte der Symphonie nach Beethoven. Der Reichthum rhythmischer und harmonischer Kombinationen, vor allem aber der seitdem unerreichte, in Schumanns Scherzi niedergelegte Humor lassen den jüngeren Meister als würdigen Hüter des Erbes des älteren erscheinen. Es war ein Versuch, die romantischen Ideen jener Tage den klassischen Formen anzupassen. Dass dies damals noch nicht möglich war, das war weniger die Schuld Schumanns, als seiner den Charakter einer Uebergangsperiode tragenden Zeit.

Der Uebergang zur Orchester- und Kammermusik führte Schumann der Hauptsache nach hinweg von dem ihm seit frühester Kindheit vertrauten Instrument, dem Klavier, das er, wie wir sahen, noch im Liede zu einer solch bedeutungsvollen Rolle herangezogen hatte. Naturgemäss dauerte es längere Zeit, bis er sich in der Kunst des Instrumentirens einigermassen zu Hause fühlte, und namentlich die erste Symphonie weist noch deutlich die Spuren dieser tastenden Versuche auf. Aber auch in seinen späteren, auf grösserer technischer Erfahrung beruhenden Werken hat Schumann den reichen Schatz der Klangfarben-Charakteristik, der ihm im Orchester Webers und Mendelssohns vorlag, nicht voll auszubeuten oder gar zu bereichern vermocht. Es war dem Tonpoeten, dessen Welt die des Klaviers war, versagt, im Glanze der Bühne und des Konzertsaales mit den übrigen zeitgenössischen Meistern auf dem Gebiet orchestraler Technik den Wettbewerb auszuhalten. So vermochte er auch nicht das Sprunghafte seiner symphonischen Arbeit, worin er sich auch in diesen Werken als echten Romantiker beweist, durch entsprechende Farbengebung zu vermitteln. Seine Symphonien sind, vielleicht mit Ausnahme der C dur-Symphonie, von einer Meisterhand entworfene Bilderreihen, an Originalität und Fülle der Gedanken den Mendelssohnschen überlegen, an Eleganz und Glätte der Form ihnen nachstehend, Werke, die durch den Reichtum geistvoller Einzelheiten den Hörer jederzeit mehr fesseln werden, als durch grosszügigen symphonischen Aufbau im Sinne Beethovens.

Wie die Lieder, so haben auch die Symphonien Schumann's einen verschollenen Vorgänger aus jüngeren Jahren. Schon im Jahre 1832 hatte er einen Symphoniesatz in G moll geschrieben, der in Zwickau und Schneeberg aufgeführt worden war und bei Künstlern und Kritikern lebhaften Anklang gefunden hatte[127]). Es war zu einer Zeit, wo er mit der Kunst des Instrumentirens noch auf gespanntem Fusse stand und selbst seinem symphonischen Talente misstraute.

Erneute und entscheidende Anregung zur Bethätigung auf diesem Gebiete erhielt er durch die Leipziger Gewandhaus-Konzerte und das Verhältnis zu Mendelssohn. Der Meister, der eben der Liedkomposition neue Bahnen gewiesen, überraschte die musikalische Welt nunmehr mit drei grösseren symphonischen Werken.

Es sind die B dur-Symphonie (Nr. 1, Op. 38), die „Sinfonietta" („Ouvertüre, Scherzo und Finale", Op. 52), und die D moll-Symphonie (1851 umgearbeitet und als Nr. 4, Op. 120 veröffentlicht).

Die B dur-Symphonie, die frischeste und jugendlichste von allen, „in feuriger Stunde geboren"[128]), verdankt ihr Dasein „jenem Frühlingsdrang, der den Menschen wohl bis in das höchste Alter hinauf und in jedem Jahre neu überfällt."[129]) Angeregt durch ein Gedicht von Ad. Böttger, namentlich durch die Zeile: „Im Thale geht der Frühling auf",[130]) entwarf Schumann das Ganze in 4 Tagen. Die Arbeit ging ihm unmittelbar vom Herzen; war es doch nicht allein der sehnsüchtig erwartete Lenz der Natur, den er begrüsste, auch dem Frühling seines eigenen Lebens, der ihm nunmehr nach so bangen Kämpfen leuchtete, giebt dieses Werk einen beredten Ausdruck. Ein Heroldsruf aus der Höhe ertönt:

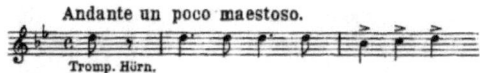

da beginnt sich die Erde zu regen, sanfte Lüfte wehen über das keimende Grün, da und dort fliegt ein Schmetterling auf, bis sich endlich alle Lenzesgeister zusammengefunden haben und im Licht der Frühlingssonne ihren Reigen schlingen:

Das Larghetto mit seiner berückenden Hauptmelodie:

und seinem geheimnisvollen Posaunenchor am Schluss zeigt uns inmitten dieser ganzen Wunderwelt den Träumer, der mit gleich empfänglichem Gemüt ihre Schönheiten wie ihre leisen Schauer auf sich wirken lässt. Im Scherzo, wohl einem der phantastischesten Stücke Schumann's, treiben allerhand Kobolde ihren tollen Spuk. Das Finale, ursprünglich „Frühlings Abschied" genannt, mit dem Thema:

ist einer der liebenswürdigsten Sätze des Meisters; seine Heiterkeit vermögen einige während der Durchführung aufsteigende dunklere Schatten kaum merklich zu trüben.

Einen scharfen Gegensatz zu diesem Werke bildet die D moll-Symphonie, ursprünglich „Symphonistische Phantasie für grosses Orchester" genannt[131]). Sie erscheint wie eine Uebertragung der „Phantasien" der ersten Periode auf das Orchester. Mit diesen hat sie gemein die freie, improvisatorische Form, die deutlich erkennbare Beziehung auf poetische Bilder, die dem Komponisten da und dort vorschwebten, endlich den wildleidenschaftlichen Ton, der aus den Allegrosätzen spricht. Auf eine latent zu Grunde liegende poetische Idee deutet auch die Wiederverwendung gewisser Motive in den verschiedenen Sätzen hin; die bewusste, sorgfältige Art, wie diese Wiederkehr zumeist eingeleitet wird, geht auf irgend einen poetischen Grundgedanken zurück. So spielen die drei Themen, die schon der erste Satz bringt:

in den folgenden bedeutende Rollen. Diese Reminiscenzen, die noch in Beethovens 5. und 9. Symphonie nur episodische Bedeutung haben, werden hier von Schumann mit logischer Konsequenz zu einem integrirenden Theil des ganzen symphonischen Gebäudes erhoben. Neu und mit dieser Tendenz zusammenhängend ist ferner, dass Schumann keinen der 4 Sätze als ein geschlossenes Ganzes betrachtet, sondern die einzelnen Sätze ohne Pause miteinander verbindet.

Alter Gewandhaus-Saal in Leipzig.

Das dritte symphonische Werk dieses Jahres, die „Sinfonietta", ist eine durchaus feinsinnige und graziöse Tonschöpfung. In ihrer Struktur durchsichtig, ihrem Ideengehalt nach licht und freundlich, bietet sie dem Verständniss weiter keine Schwierigkeiten dar. Am meisten fesselt durch seinen originellen Giguen-Rhythmus das Scherzo.

Die C dur-Symphonie (op. 61) bezeichnet den Höhepunkt von Schumanns symphonischer Thätigkeit, trotzdem sie unter ziemlich kritischen äusseren Umständen entstand. Schumann selbst schreibt darüber:[182] „Die Symphonie schrieb ich im Dezember 1845 noch halb krank; mir ist's, als müsste man ihr dies anhören. Erst im letzten Satz fing ich an, mich wieder zu fühlen; wirklich wurde ich auch nach Beendigung des ganzen Werkes wieder wohler."

Der Energie des Wollens, mit der Schumann seiner damaligen seelischen Depression siegreich Herr wurde, verdanken wir eines der tiefsinnigsten Erzeugnisse der nachbeethovenschen Symphonie. Während die vorausgehenden Werke, insbesondere die D moll-Symphonie, noch deutlich die Einwirkung poetischer Ideen verraten und sich somit gleichsam als Nachhall der Werke der Sturm- und Drangperiode kennzeichnen, bewegt sich dieses Werk durchweg auf dem Boden der alten klassischen Symphonie. Die breit angelegten Themen, die Grossartigkeit der Konzeption gemahnen an Beethoven, die geniale Verarbeitung der Themen verrät sichtlich die zu jener Zeit wieder mit erneutem Eifer aufgenommene Beschäftigung mit Seb. Bach.

Ferdinand David.

Dieser streng einheitlichen, formvollendeten Schöpfung gegenüber lenkt die Es dur-Symphonie (die „rheinische") in die früheren Bahnen ein. Es ist wieder mehr ein Spiel mit kleinen Tonbildern, was uns Schumann hier bietet, als eine grosszügige symphonische Entwicklung. Auch die Anknüpfung an äussere Erlebnisse tritt deutlich zu Tage, vor Allem in dem vierten Satze, der den gelegentlich der Kardinalserhebung des Erzbischofs von Geissel veranstalteten kirchlichen Feierlichkeiten seine Entstehung verdankt. Auch in den übrigen Sätzen spiegelt sich das heitere Leben und Treiben des Rheinlandes wieder. Unter den vielen Kunstwerken, die der sagenumwobene Strom schon seit Alters in der Seele deutscher Künstler entstehen liess, gebührt der Symphonie Schumanns ein Ehrenplatz. Behagliche Heiterkeit:

ab und zu ein volksthümlicher Ton:

romantische Schwärmerei:

verbunden mit einer leisen Hinneigung zu katholischem Mysticismus (besonders im 4. Satze) bilden den Grundcharakter des Werkes, das, zu einer Zeit schon erlahmender Gestaltungskraft seines Schöpfers entstanden, dennoch noch einmal seine Phantasie in ihrem alten leuchtenden Glanze offenbart.

Nicht dasselbe lässt sich von den in den letzten Lebensjahren entstandenen Ouvertüren rühmen, die ihre Entstehung grossentheils neuen Opernplänen verdanken. Es sind die Ouvertüren zur „Braut von Messina" (op. 100), zu „Julius Cäsar" (op. 128) und zu „Hermann und Dorothea" (op. 136); ihnen gesellt sich als Gelegenheitsstück die „Fest-Ouverture über das Rheinweinlied" (op. 123) bei. Merkwürdiger Weise entschlagen sich diese Stücke aller poeti-

---

Sonntag, den 21. März 1852, Vormittag 11 Uhr.

Musikalische

MORGEN-UNTERHALTUNG

im Saale des Gewandhauses zu Leipzig.

Die Einnahme ist für einen milden Zweck bestimmt.

Sonate in A moll für Pianoforte und Violine von Robert Schumann (Op. 105), vorgetragen von Frau *Clara Schumann* und Herrn *David*.

Zwei Lieder von F. David, gesungen von Herrn *Widemann*.

Andante, Scherzo und Capriccio für Streichinstrumente von F. Mendelssohn Bartholdy (Op. 81, nachgelass. Werk), vorgetragen von den Herren *David*, *Röntgen*, *Herrmann* und *Rietz*.

Lieder, gesungen von Fräulein *Caroline Mayer*.

Trio für Pianoforte, Violine und Violoncell von Robert Schumann (G moll, Manuscript), vorgetragen von Frau *Clara Schumann* und den Herren *David* und *Grabau*.

Einlasskarten zu 20 Ngr. sind in den Musikalienhandlungen von *Fr. Kistner* und *B. Senff* und am Eingange des Saales zu haben.

Einlass 10 Uhr. Anfang 11 Uhr. Ende gegen 1 Uhr.

Druck von Breitkopf und Härtel in Leipzig.

Verkleinerte Reproduktion eines Programms
aus dem Musikhistorischen Museum des Herrn Fr. Nic. Manskopf in Frankfurt a. M.

sirenden Tendenzen im Stile der Mendelssohn'schen Ouvertüren und wollen als wirkliche Eröffnungsstücke gelten. Schumanns Geist hat hier seine Aufgabe nicht mehr zu bewältigen vermocht; weder die Erfindung noch die Verarbeitung der Themen reicht auch nur von ferne an die Ouvertüren zu „Genoveva" oder gar zu „Manfred" heran. Um so mehr lagen sie dem unermüdlich nach neuen Operntexten ausspähenden Meister selbst am Herzen. So schenkte er

Verkleinerte Reproduktion des ersten Platten-Abzuges. Die Bleistift-Korrekturen von Robert Schumanns Hand.
(Original im Besitz des Herrn Dr. Max Friedländer, Berlin.)

die Partitur der erstgenannten Ouvertüre seinem Liebling Brahms mit folgender Widmung:

„Willkommen zum 1. Mai, Johannes, nimm sie liebend an, die Partitur. Bist Du ein Maikind? Dein Robert".

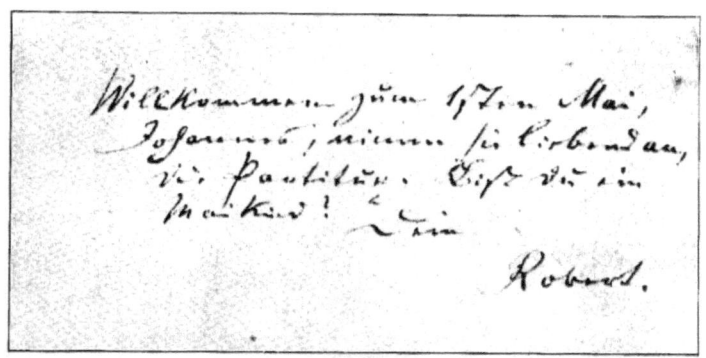

Widmung an Brahms auf der ersten Partitur-Seite der Ouverture zur Braut von Messina.
Original im Besitz der Gesellschaft der Musikfreunde in Wien.

Aehnlich wie mit den Symphonien verhält es sich mit Schumanns Kammermusikwerken. Auch hier betrat er ein Gebiet, dessen Stil und Technik er sich erst erobern musste. Dass er sich dieser Aufgabe mit der ihm eigenen Energie und Gewissenhaftigkeit unterzog, beweisen die zahlreichen Abänderungen, die er mit seinen drei 1842 geschriebenen Streichquartetten (op. 41) vornahm. Was hinsichtlich der thematischen Struktur von den Symphonien gilt, lässt sich im Prinzip ohne Weiteres auch auf diese Werke übertragen. In Betreff ihrer Bedeutung, wie auch des ihnen eigenthümlichen Stiles führt die Untersuchung ganz allgemein zu dem Ergebniss, dass Schumann da das Grösste auf diesem Gebiete geleistet hat, wo er das Klavier zur Mitwirkung heranzog.

Die erwähnten drei Streichquartette waren gewissermassen die Frucht der in den 30er Jahren öfters bei ihm abgehaltenen „Quartettmorgen" und wohl mit angeregt durch ähnliche Versuche Hermann Hirschbachs, für dessen sehr stark zur Programm-Musik hindrängende Tendenzen Schumann noch damals eine bezeichnende Vorliebe hatte. Dass sie echten Quartettstil aufweisen, liess sich nach Schumanns ganzem bisherigem Bildungsgang nicht erwarten; das Klaviermässige darin spielt noch eine bedeutende Rolle. Trotzdem aber bilden die drei Werke eine der werthvollsten Bereicherungen der Quartett-Literatur. Selbst dem strengen Moritz Hauptmann entlockten sie Worte ungetheilter, staunender Bewunderung. Auch hier werden die formalen Mängel vollständig gedeckt durch die Genialität der Erfindung und den staunenswerthen poetischen Reichthum.

Die Einwirkung der klassischen Vorbilder ist unverkennbar. Ein unverhüllter Anklang an Bach findet sich in dem „Quasi Trio" des dritten Quartetts, nämlich an die E Dur-Gavotte der 6. französischen Suite; Beethovens Einfluss zeigt sich namentlich in den langsamen Sätzen. Auch Anklänge an die Art und Weise Schuberts fehlen nicht. Trotz alledem jedoch weiss Schumann

Handschrift Robert Schumanns. Im Besitz der Gesellschaft der Musikfreunde in Wien.

seine Eigenart wohl zu wahren. In Harmonik, Rhythmik und Stimmführung sind diese drei Quartette Erzeugnisse s e i n e s reichen Geistes, echte Kinder der jugendlich aufstrebenden Romantik.

Das Es Dur-Quintett (op. 44) und das Es Dur-Quartett (op. 47) — wer gedenkt bei ihrer Nennung nicht der beglückenden Stunden edelsten Kunstgenusses, die ihm beim Anhören dieser beiden Meisterwerke zu Theil geworden? Der faszinirende Eindruck, den das erstere bei seiner ersten Aufführung am 8. Januar 1843 (Clara spielte dabei den Klavierpart) hervorrief, dauert heute noch ungeschwächt an; er hat Schumann rasch zu einer europäischen Berühmtheit gemacht. In der That ist dieses Werk ein Meisterwurf des Komponisten. Das Klavier entfaltet den gesammten Farbenreichthum, den es Schumann zu verdanken hat, aber auch der Behandlung der Saiteninstrumente ist die Sorgfalt, Lust und Liebe anzumerken, die sich der Meister durch die vorhergegangene fruchtbare Beschäftigung mit dem Quartettsatz errungen hatte. Auch nach der Seite des Gedankeninhalts und seiner Verarbeitung hin erreicht Schumann hier eine Höhe wie selten vor- und nachher. Aus unscheinbarem Stamm treiben die schönsten Melodieknospen hervor, und alle Saiten des menschlichen Herzens bringt dieses Werk zum Tönen. Stürmisch vorwärts drängende Kraft und sinnendes Träumen, Humor und wildschmerzliche Leidenschaft, toller Gespensterspuk und verklärte Mystik lösen einander in wohlberechnetem Kontrast und in wirksamer Steigerung ab. So hat sich dieses Quintett den gewiss seltenen Vorzug errungen, Kammermusikwerk und doch zugleich im edelsten Sinne populär zu sein.

Clara Schumann (1870).
Nach einem Bilde der Hofphotographin Adèle in Wien.
Vorlage im Besitz der Gesellschaft der Musikfreunde in Wien.

Sein Seitenstück, das Quartett, entbehrt dieses populären Zuges. Es trägt einen intimeren, aristokratischeren Charakter. Unverkennbar ist der Hauch Bach'schen Geistes, der die beiden letzten Sätze durchweht. Das Scherzo mit seinen beiden in effektvoller Weise miteinander kontrastirenden Trios verräth wie wenige seinesgleichen die Hand des im Reich der Kobolde und Gespenster durchaus heimischen Meisters. Streichinstrumente und Klavier sind aufs innigste miteinander verwachsen. Wenn auch letzteres in beiden Werken unzweifelhaft eine dominirende Stellung einnimmt, so ist doch die Rolle der ersteren keineswegs eine untergeordnete, und namentlich im Quartett bietet die Partnerschaft beider ausserordentlich viel Reizvolles und Neues, insofern eben Schumanns Klavier eine andere Sprache redet, als das der Klassiker und damit auch auf den Kammermusikstil belebend und anregend einwirkte.

Ein zweites Geschwisterpaar von Werken bilden die in demselben Jahre (1847) komponirten Trios in D Moll (op. 63) und F Dur (op. 80). Beide rechtfertigen vollauf den Ruf, den die ebenerwähnten Werke Schumann als Kammermusik-Komponisten eingetragen hatten. Dem Stimmungsausdruck nach ergänzen sich beide, das erste ist leidenschaftlich und düster, das zweite zart und freundlich. Nicht auf derselben Höhe steht das dritte Trio in G Moll (op. 110) aus dem Jahre 1851, das bereits die Spuren geistiger Ermattung an sich trägt.

Robert Schumann und die bei der Schumann-Feier in Bonn 1873 Mitwirkenden.
Nach einer Photographie von Emil Koch im Verlage von Gustav Cohen in Bonn.

Nicht ohne Interesse sind dagegen die beiden Violinsonaten in A Mol (op. 105) und D Moll (op. 121), die aus demselben Jahre (1851) stammen. Beide tragen mit Ausnahme der langsamen Sätze einen vorwiegend düsteren und grüblerischen Charakter. Deutlich genug gelangt hier nochmals die alte Wärme des Empfindens zum Durchbruch. Interessant ist ferner, zumal bei der A Moll-Sonate die enge Verbindung beider Instrumente zu einem geschlossenen Ganzen, auch hier ermöglicht durch Schumanns eigentümlichen Klavierstil, der, wie in den Liedern mit der Singstimme, so hier mit dem Instrument jene eigenartige Mischung eingeht, die zu wirklich neuen und originellen Klangbildungen geführt hat.

Von sonstigen Leistungen auf dem Gebiete der Kammermusik seien noch genannt die ursprünglich als Trio bezeichneten „Phantasiestücke" (op. 88), ein Werk „ganz leiser Natur", [133]) wie Schumann sagte, ferner die „Märchen-Erzählungen" (op. 132) und die „Märchenbilder" (op. 113), alle überaus stimmungsvoll und voll fesselnder Einzelzüge.

Auch auf dem Gebiete der Konzert-Litteratur hat sich Schumann den besten Werken seiner Vorgänger mit zwei Schöpfungen würdig zur Seite gestellt, mit dem A moll-Konzert (op. 54) für Klavier und dem A moll-Violoncellokonzert (op. 129). Beide ragen darum turmhoch über das gewohnte Niveau empor, weil sie sich von allen Konzessionen an das Virtuosenthum als solches konsequent fernhalten. „Ich kann kein Konzert schreiben für Virtuosen," schreibt Schumann im Jahre 1839 seiner Braut,[134]) „ich muss auf etwas anderes sinnen."

Die Idee, ein Klavierkonzert zu schreiben, stammt noch aus der Zeit, da er selbst die Virtuosenlaufbahn hatte einschlagen wollen; sie lebte von Neuem auf in seiner Bräutigamszeit und verwirklichte sich schliesslich 1841 in der Komposition des „Allegro affettuoso", dem er dann vier Jahre darauf die zwei übrigen Sätze anfügte. Der erste Satz, in der Form etwas freier gehalten, ist ein letzter Nachzügler der Klavierphantasien aus der Sturm- und Drangperiode. Sein Hauptthema kehrt, mehrfach umgebildet, im Verlaufe des Ganzen wieder und verleiht ihm so den Charakter der Einheitlichkeit. Der letzte Satz ist ausserdem interessant durch die kühnen rhythmischen Rückungen des E dur-Satzes ($^6/_4$ statt $^3/_2$, man nehme immer 2 Dreiviertel-Takte zusammen!) Orchester und Klavier sind eng miteinander verwachsen, ohne dass jedoch die glänzende Rolle des Soloinstrumentes dadurch irgendwie beeinträchtigt würde.

Mit seinem Cellokonzert hat Schumann die ohnehin nicht sehr umfangreiche Litteratur dieses Instrumentes um ein werthvolles Stück bereichert. Auch hier entschlägt er sich jedes virtuosen Flitters — vielleicht nur allzu streng, denn die Allegrosätze kommen nicht durchweg zu ihrer vollen Geltung, während dagegen die getragenen Partieen die ganze Innigkeit der Schumannschen Cantilene offenbaren.

Die übrigen Konzertstücke, „Introduktion und Allegro appassionato" (op. 92), „Konzert-Allegro mit Introduktion" (op. 134, Brahms gewidmet), beide für Klavier und Orchester, ferner die Phantasie für Violine und Orchester (op. 131, Joachim zugeeignet), wozu sich noch ein unveröffentlichtes Violinkonzert gesellt — alle diese Werke erreichen nicht mehr die Höhe der beiden genannten.

Als „etwas ganz kurioses" bezeichnet Schumann selbst sein Konzertstück für vier Hörner und Orchester[135]). Das alte Concerto grosso feiert in diesem Werke eine wunderliche Auferstehung. Die Wirkung ist eine aussergewöhnliche, glänzende; das massive Auftreten des Hornes, das gerade die Romantiker zu besonderen Wirkungen verwandt haben, verleiht dem Ganzen einen frischen, romantischen Charakter.

Sascha Schneider: Faust.
Aus der von Sascha Schneider illustrirten Faust-Ausgabe des Verlages G. Minuth, Berlin.

Genoveva. Manfred. Faust.

Die äusseren Umstände, denen die Oper „Genoveva" ihre Entstehung verdankt, sind schon berührt worden. Die Handlung ist in kurzen Umrissen folgende:

Pfalzgraf Siegfried, den das Gebot Karl Martells in den Kampf gegen die Mauren nach Spanien ruft, lässt seine junge Gattin Genoveva unter der Hut seines Günstlings Golo zurück. Dieser, der schon vorher eine sträfliche Neigung zu seiner Gebieterin im Herzen trägt, wird von seiner Amme, der Zauberin Margarethe, noch weiter in seinen verbrecherischen Absichten bestärkt; er gesteht der ahnungslosen Herrin eines Abends seine Leidenschaft, wird aber alsbald mit Empörung zurückgewiesen. Auf Rache sinnend, weiss er schlau die gutgemeinten Absichten des treuen Dieners Drago auszunützen, der seiner Herrin die Kunde von dem beim Gesinde über ihre vermeintliche Untreue mit dem Kaplan verbreiteten Gerücht überbringt und sich, um das angebliche Stelldichein zu belauschen, im Schlafzimmer der Gräfin verbirgt. Die übermüthig gewordene Dienerschaar dringt in die Gemächer der Gräfin ein und tötet den entdeckten Drago, während Genoveva als Ehebrecherin in den Thurm geworfen wird.

Margarethe eilt dem heimkehrenden Grafen entgegen, Golo folgt ihr mit der Kunde von dem Geschehenen. Siegfried, dem Margarethens Zauberspiegel die ganze Begebenheit im Bilde vorgeführt hat, beauftragt Golo mit der Vollstreckung der Rache. Allein Margarethe muss, vom Geiste des ermordeten Drago angetrieben, ihr eigenes Werk zu nichte machen. Ihr Geständnis und das Eingreifen eines treuen Knechts verhindern im letzten Augenblick die Vollziehung des Urtheils. Siegfried eilt herbei und führt die Gattin im Triumph auf das Schloss zurück.

Die bei näherer Betrachtung sofort ins Auge springenden handgreiflichen Mängel des Textbuches, die ungenügende dramatische Motivirung der eigentlichen Höhepunkte, die sich nicht über das Niveau des Opernmässigen im landläufigen Sinn erhebende Charakterisirung der Hauptpersonen sind von Anfang an von der Kritik mit Recht erkannt worden.[186]) Schumann gedachte mit einem der Romantik entnommenen Stoff sein Glück zu machen, aber gerade den Zug der Legende, dem sie auch in heutiger Zeit noch ihre poetische Wirkung verdankt, das siebenjährige Martyrium Genovevas mit dem kleinen Schmerzensreich und der Hirschkuh, musste er nothgedrungen fallen lassen. Was übrig blieb, war nicht viel mehr als eine Rittergeschichte mit dem verbrauchten Motiv der verfolgten und endlich doch siegreichen Unschuld. Der Stoff der Legende, der sich weit mehr zu epischer Behandlung geeignet hätte, war damit in den engen Rahmen eines Opernabends eingespannt. Die natürliche Folge davon war, dass die Charakteristik der Hauptpersonen empfindlich litt, eine Lücke, die auch die Musik Schumanns keineswegs auszufüllen vermochte. Am besten gelang dem Komponisten von „Frauenliebe und Leben" noch die musikalische Zeichnung seiner Heldin. Allein so innig auch alle ihre Gesänge empfunden sind, so sehr sie unser Mitleid wachzurufen im Stande wären, der Gedanke an Graf Siegfried, Golo und Margarethe, die drei Personen, denen Genoveva ihr Schicksal verdankt, raubt uns sofort jede Gefühlsillusion. Schon in der Dichtung mit einer sehr zweifelhaften Charakteristik bedacht, treten sie uns auch in der Komposition keineswegs glaubwürdiger entgegen. War aus Siegfried der ganzen Anlage des Buches gemäss auch in musikalischer Hinsicht nicht viel zu machen, so hätte ein geborener Dramatiker doch in den beiden Intriganten Golo und Margarethe Figuren schaffen können, die dem ganzen, rein musikalisch so hoch stehenden Werk ein längeres Leben hätten sichern können. Allein hier versagte Schumanns Genius. Margarethe weist zwar immerhin noch einige Züge geungener musikalischer Charakteristik auf, Golo dagegen, die treibende Kraft des Ganzen, bleibt musikalisch vollständig hinter dieser seiner Aufgabe zurück. Die beiden in seiner Brust sich bekämpfenden Gefühle, die verzehrende Leidenschaft und die Empfindung seiner Ritterehre, sind in der Musik auf denselben mittleren Ton herabgestimmt, der nur sehr selten etwas von der hinreissenden Gewalt der Leidenschaft auf den Hörer überträgt. Was an der ganzen Oper, und vollends bei Schumann, am meisten befremdet, ist der Mangel an rhythmischer Abwechslung. Er erweckt den Eindruck, als ob der Komponist sich auf einem ungewohnten Boden befände und darum vorsichtig mit der ihm sonst geläufigen Schreibweise zurückhielte. Denn die „Genoveva" auf Rechnung einer schon damals vorhandenen geistigen Abspannung Schumanns zu setzen, verbietet seine zu jener Zeit noch ungeschwächte schöpferische Thätigkeit, die der Welt im selben Jahre die Komposition des „Manfred" schenkte.

Sieht man von den dramatischen Unzulänglichkeiten ab, so bietet die Oper, rein musikalisch genommen, eine Reihe hervorragender Schönheiten. Auch sie ist eine reine Kunstschöpfung, wie alle Werke Schumanns, der die Wahrheit seines künstlerischen Empfindens nie durch die Rücksicht auf äussere Wirkung trüben lässt. Wenn er jeden Takt in diesem Werke „dramatisch" fand, so ist das ein Beweis dafür, wie gewissenhaft er seiner neuen Aufgabe gerecht zu werden suchte. Dass seiner Muse auf der Opernbühne keine Heimathstätte beschieden war, dass insbesondere gerade zur nämlichen Zeit Richard Wagner die Zügel der Herrschaft auf dem Gebiete des musikalischen Dramas an sich riss — alles das war nicht Schumanns Schuld. Von der „Peri" aus trat er an die „Genoveva" heran, und mehr als einmal fühlt man sich in der Oper an jenes schöne Werk erinnert. Insbesondere sind es dort in der Erzählung verwandten Recitative ariosen Charakters, welche in der Oper durchweg die Stelle des eigentlichen Recitativs vertreten und den handelnden Personen damit jenen verhängnissvollen epischen Zug verleihen, der der wirklich dramatischen Entfaltung ihrer Charaktere hindernd im Wege steht. Hand in Hand mit dieser Art von musikalischer Deklamation geht die selbständige Behandlung des

---

Donnerstag, den 26. Februar 1857

CONCERT

zum

Besten des Orchester-Pensions-Instituts

im Saale des Gewandhauses.

Erster Theil

unter Direction des Herrn Kapellmeister Julius Rietz.

Ouverture zu Goethe's Hermann und Dorothea von Robert Schumann. Op. 136. Nachgelassenes Werk. (Zum ersten male.)

Gebet aus der Oper: Genoveva von Schumann, vorgetragen von Frau *von Milde*, geb. Aghte, Grossherzogl. Hofsängerin aus Weimar.

Adagio und **Rondo** für die Violine von Vieuxtemps, vorgetragen von Herrn *Grün* aus Pesth.

Zweiter Theil

unter Direction des Herrn Hof-Kapellmeister Dr. Franz Liszt.

(Sämmtliche Compositionen, mit Ausnahme des Duetts, sind von Franz Liszt. Die Ausführung der Harfen-Parthie hat Frau Dr. **Pohl** zu übernehmen die Güte gehabt.)

Les Préludes, Symphonische Dichtung für grosses Orchester.

Duett aus der Oper: der fliegende Holländer von Richard Wagner, vorgetragen von Herrn und Frau *von Milde*.

Concert für das Pianoforte (No. 1. Es dur), vorgetragen von Herrn Hans von Bülow.

Romanze, gesungen von Herrn *von Milde*.

Mazeppa, Symphonische Dichtung für grosses Orchester.

Billets à **1 Thlr.** und Sperrsitzmarken à **5 Ngr.** extra sind von Mittwoch den 25. Febr. an in der Musikalienhandlung des Herrn **Fr. Kistner** und am Concert-Abend an der Casse zu bekommen. Den Abonnenten des Abonnements-Concerts werden ihre Sperrsitze bis Dienstag Abend reservirt.

Textbücher sind an der Casse à 2½ Ngr. zu bekommen.

Anfang halb 7 Uhr. Ende gegen 9 Uhr.

Druck von Breitkopf und Härtel in Leipzig.

Verkleinerte Reproduktion eines Programms
aus dem Musikhistorischen Museum des Herrn Fr. Nic. Manskopf in Frankfurt a. M.

Orchesters, das dem Prinzip nach durchaus in den von Wagner eröffneten Geleisen sich bewegt, ohne freilich Wagners virtuose Instrumentationskunst zu erreichen. Auch hier mangelt der belebende Gegensatz von Licht und Schatten. Dagegen ist die Ouvertüre ein durchaus werthvolles, die mittelalterliche Romantik aufs Glücklichste zum Ausdruck bringendes Tonstück.

Weit näher als „Genoveva" steht unserem musikalisch-dramatischen Ideal die Manfred-Musik. Da Schumann hier mit Ausnahme der in knappstem Rahmen sich bewegenden Gesänge der Geister die melodramatische Form festhält, so bewegt er sich durchweg auf dem ihm vertrauten instrumentalen Boden. Er hat sich hier zu einer Höhe aufgeschwungen, die er vorher nur selten, später überhaupt nicht mehr erreicht hat. Die Ouvertüre ist sein bedeutendstes Orchesterwerk, sowohl was die Tiefe ihrer Gedanken, als auch ihre Verarbeitung und die äussere orchestrale Einkleidung anlangt; sie ist zugleich Schumanns „modernstes" Tonstück, denn sie vertritt in harmonischer wie in rhythmischer Hinsicht unter allen seinen Werken den am meisten fortgeschrittenen Standpunkt.[187])

Es ist nicht zu leugnen, dass die ganze geistige Sphäre, der die Dichtung entstammt, der musikalischen Komposition ein überaus günstiges Feld bietet. Die feinen psychologischen Fäden der Handlung, das zauberisch-romantische Beiwerk mussten gerade eine so durch und durch innerliche Natur wie Schumann mächtig anziehen. Er hat seine Aufgabe in einer für ihn überaus charakteristischen Weise gelöst. Er führt uns nicht wirkliche dramatisch belebte Bilder vor, sondern seine Musikstücke, vor Allem die melodramatischen, geben uns Kunde von dem inneren Eindruck, den er selbst von dem Gang des Gedichtes empfangen. Das Dichterwort selbst geht nur begleitend und ergänzend neben den Instrumentalstücken her. Es war dieselbe stark der Programm-Musik zuneigende Weise, der er auch in seinen Jugendwerken gehuldigt hatte. War damals ein jedes Klavierstück das Ergebniss einer bestimmten äusseren Herzensgeschichte gewesen, so kommentirt er hier nach seiner Art die psychologische Entwicklung des Byron-schen Dramas. Dort war die Beziehung auf das äussere Erlebniss durch irgend

Sascha Schneider: Faust.
Aus der von Sascha Schneider illustrirten Faust-Ausgabe des Verlages G. Minuth, Berlin.

welche kabbalistische Spielerei oder durch die Hinzufügung einer „inneren Stimme" gegeben — hier ist diese Stimme diejenige des den Text sprechenden Schauspielers. Derjenige Hörer, der ihr gleichsam aus der Ferne lauscht und in dieser Verfassung die Musikstücke auf sich wirken lässt, wird von dem Werke den reinsten Genuss haben. Das in allen diesen Stücken auffallend reich und sorgfältig bedachte Orchester führt durchweg, auch den Chören gegenüber, den Vorrang.

War die Manfred-Musik in einem Zuge geschrieben, so dehnte sich die Komposition der „Scenen aus Goethe's Faust" über einen Zeitraum von nahezu 10 Jahren aus (1844—1853). Das Schicksal der Dichtung wiederholte sich somit im Kleinen bei der Komposition: unmerklich stellen sich im Verlaufe einer solch langen Spanne Zeit andere Anschauungen, andere Stimmungen in der Seele des Künstlers ein und vereiteln die Wiederaufnahme des Fadens da, wo er ihn fallen gelassen. Eine bunte Bilderreihe zieht an uns vorüber, im Einzelnen blendend, als Ganzes Stückwerk, worin überall die Fugen deutlich erkennbar sind. Zudem fällt die Komposition der spätesten Stücke, vor allem der Ouvertüre, bereits in eine Periode der Abspannung (1853), während die Schluss-Scene schon 1844, also unmittelbar nach der „Peri", geschrieben ist.

Schumann hat im Ganzen 7 Scenen des Faust komponirt: einen Theil der ersten Gartenscene, die Scene Gretchens vor dem Bild der mater dolorosa, ihre Scene im Dom; ferner die erste Scene des II. Theils, die Scene der 4 grauen Weiber und Faust's Tod (letztere Scene abgekürzt). Den Schluss bildet die in sieben Abschnitte getheilte Komposition der letzten Scene des fünften Aktes („Faust's Verklärung"). Die Auswahl ist sehr bezeichnend; der Hang zur mittelalterlichen Mystik und Romantik war auch hier ausschlaggebend. Die eigentlich dramatischen Motive der Handlung, Fausts unbefriedigter Wissensdrang und vollends das Eingreifen Mephistos bleiben durchweg im Hintergrund, das Hauptgewicht liegt auf den Stücken rein psychologischen bezw. romantisch-symbolischen Charakters. Schumann selbst bezeichnete überhaupt den Charakter der ganzen Komposition als einen „ruhigen, tief friedlichen"; der Wechsel der Tempi sollte überall ein „leise vorübergehender" sein.[138]) Die Faustscenen bilden somit zu der ihnen inhaltlich so nahe stehenden Manfred-Musik einen merkwürdigen Kontrast: dort grelle dramatische Accente und ausgesprochenes Streben nach seelischer Vertiefung und individualisirender Charakteristik, hier, mit Ausnahme der Szene der grauen Weiber und der Lemuren, ein sanftes, lyrisch-romantisches Dämmerlicht — der Reiz und die Schwäche zugleich des Ganzen. Sympathisch wirkt vor Allem die bis zur Selbstverleugnung gehende Pietät gegen Goethes Dichtung. Ihr verdanken wir den herrlichen Schlusstheil, in dem es Schumann wie Keinem gelungen ist, den mystischen Inhalt der Dichterworte nachzuempfinden und — mit Ausnahme des allerletzten Chores, dessen Komposition Schumann selbst als Schmerzenskind empfand, musikalisch wiederzugeben.[139])

ANHANG I.

Anmerkungen.

Abkürzungen:

JB. **Jugendbriefe von Robert Schumann**, nach den Originalen mitgetheilt von Clara Schumann. Leipzig, Breitkopf und Härtel 1886.
B. **Robert Schumanns Briefe. Neue Folge.** Herausgegeben von F. G. Jansen. Leipzig, Breitkopf und Härtel 1886.
GS. I u. II. **Robert Schumann, Gesammelte Schriften über Musik und Musiker**, 4. Aufl. mit Nachträgen und Erläuterungen von F. G. Jansen. Leipzig, Breitkopf & Härtel 1891.
D. **Die Davidsbündler.** Von F. G. Jansen. Leipzig, Breitkopf und Härtel 1883.
W. **Robert Schumann. Eine Biographie** von W. J. v. Wasielewski. Leipzig, Breitkopf und Härtel 1887.
NZfM. **Neue Zeitschrift für Musik**, begründet 1834 von R. Schumann. Verlag von C. F. Kahnt Nachfolger, Leipzig.

1) S. unten S. 21.
2) Ueber Schumanns Jugend vgl. besonders Max Kalbeck, Aus Robert Schumanns Jugendzeit, in A. Edlinger's „Oesterreichischer Rundschau" von 1883.
3) Unter dem Titel „Juniusabende und Julitage" hat Schumann diese seine Herzensgeschichte in Jean Paul'scher Ueberschwänglichkeit geschildert. Der Schauplatz ist eine weltentrückte Insel, auf der zwei Paare von Freunden und Freundinnen in seligem Schweigen den Geheimnissen der Natur lauschen.
4) Vgl. NZfM. 1843, Bd. 18, S. 27.
5) JB. S. 17.
6) B. S. 5.
7) „Einem künftigen Jean Paul ist es vorbehalten, Beethovens innere und äussere Geschichte zu schreiben." B. S. 104.
8) JB. S. 10.
9) JB. S. 9.
10) B. S. 7.
11) B. S. 3.
12) B. S. 7.
13) JB. S. 28.
14) Ebenda.
15) Recht charakteristisch ist der Schluss eines Briefes an G. Rosen (B. S. 8): „Lebe denn wohl, geliebter Freund, Dein Leben möge nicht mehr Gewölke haben, als zu einem schönen Abendhimmel nöthig ist, und nicht mehr Regen, als zu einem Mondregenbogen, wenn

Du Abends auf den Bergruinen sitzest und entzückt in das Blüthenthal und in den Sternenhimmel schaust. Vergiss mich dann nicht, den fernen Freund, der recht zermalmt und unglücklich ist, und wünsche mir Alles, was ich Dir aus der Ferne wünsche. Dein milder menschlicher Genius flattre leicht über den Koth des Lebens und Du selbst bleibe, was Du bist und warst — menschlich — menschlich. Lebewohl. Schumann."

16) Wiedebein ist ausserdem noch bekannt durch seine Beziehungen zu Beethoven, für den er eine unbegrenzte Verehrung hegte (ein Brief Beethovens an ihn D. S. 114). Schumanns Brief an ihn findet man B. S. 9 f., seine Danksagung ebenda S. 10. Wiedebeins Brief lautet:

Braunschweig, d. 1. Aug. 1828.

Geehrter Herr!

Ihr gütiges Vertrauen hat mir Freude gemacht, wohlan denn, Offenheit gegen Vertrauen. Ihre Lieder haben der Mängel viele, mitunter sehr; allein ich möchte sie nicht sowohl Geistes-, als vielmehr Natur- oder Jugendsünden nennen, und diese entschuldigt und vergiebt man schon, wenn hin und wieder ein rein poetisches Gefühl, ein wahrhafter Geist hindurchblitzt. Und das eben ist es denn ja, was mir so wohlgefallen hat.

Wenn ich durch jene Natur- und Jugendsünden die sich mir offenbarende Unsicherheit in den eigentlichen Elementen, sowie in dem höheren Studium der Kunst habe andeuten wollen, so hege ich den lebhaften Wunsch, mich Ihnen nach Jahren deutlicher mittheilen zu können. Bis dahin wollen Sie einige andere Bemerkungen nicht ungütig oder missdeutend aufnehmen. Der schönen Begeisterung im Momente heiliger Weihe sollen wir uns gänzlich übergeben; nachher aber soll der ruhig prüfende Verstand ebenfalls sein Recht haben und mit seiner Bärentatze dazwischenfahren, um das etwa sich mit eingeschmuggelte Menschliche ohne Gnade hinwegzukratzen. Was wild ist, mag wild aufwachsen; edlere Früchte verlangen Pflege, der Wein aber bedarf nicht sowohl der emsigsten Pflege als auch des Messers; und wäre beides im schönen Italien, so würde die dortige Himmelsgabe nicht nach Jahren versäuern.

Vor allem Anderm sehen Sie auf Wahrheit, Wahrheit der Melodie, der Harmonie und des Ausdrucks — mit einem Wort auf poetische Wahrheit. Wo Sie diese nicht finden, oder auch nur bedroht sehen, da reissen Sie hinweg und sollt' es Ihr Liebstes sein.

Prüfen Sie zuerst — jedes einzeln — die Deklamation, die Melodie, die Harmonie, und dazu den Ausdruck und Geist, der das Ganze vergöttlichen soll — und harmoniren dann alle Theile zusammen, und wird Ihnen wie im Moment, wie zwei aufgezogene Saiten zu einem einzigen Tone verschmelzen: dann kümmern Sie sich nicht um die Welt, Sie haben den Schleier gehoben. Finden sich aber Zweifel, sie mögen auch sein, wie sie wollen, so glauben Sie mir wiederum: die Sünde hat sich eingeschlichen. — —

Sie haben viel, sehr viel von der Natur empfangen, nützen Sie es, und die Achtung der Welt wird Ihnen nicht entgehen. Allein, glauben Sie mir, unser Altvater hat auch hier, wie immer Recht, wenn er sagt: „Dem glücklichsten Genie wird's Einmal kaum gelingen u. s. w."

Ich bin mit aufrichtiger Wertschätzung

der Ihre

G. Wiedebein.

Zehn Jahre später veröffentlichte Schumann dieses Schreiben unter dem Titel: „Brief eines älteren Meisters an einen jungen Künstler" in seiner Zeitschrift. Ein persönliches Zusammentreffen Beider erfolgte 1845 in Dresden.

17) Vgl. Victor Joss, Fr. Wieck und seine Familie, Dresden, O. Damm, 1902.
18) B. S. 13.
19) JB. S. 64.
20) B. S. 26.
21) JB. S. 105.
22) JB. S. 81.
23) JB. S. 116.
24) W. S. 88.
25) B. S. 33.
26) B. S. 68.
27) B. S. 105, 140, 151, 157.

²⁸) Einleitung zu den Ges. Schriften; vgl. auch B. S. 55 u. 66.
²⁹) B. S. 76.
³⁰) Man vergleiche z. B. folgenden Passus aus der „Fastnachtsrede von Florestan, gehalten nach einer Aufführung der letzten Symphonie von Beethoven" aus dem Jahre 1835 (GS. I, S. 105):

„Was mag wohl Beethoven sich unter den Bässen gedacht haben?" — Herr, antwortete ich, schwerlich genug; Genies pflegen Spass zu machen, — es scheint eine Art Nachtwächtergesang: — — Weg war die schöne Minute und der Satan wieder los. Und wie ich nun diese Beethovener ansah, wie sie dastanden mit glotzenden Augen und sagten: das ist von unserm Beethoven, das ist ein deutsches Werk — im letzten Satz befindet sich eine Doppelfuge — man hat ihm vorgeworfen, er prästire dergleichen nicht, — aber wie hat er es gethan — ja, das ist unser Beethoven. Ein anderer Chor fiel ein: es scheinen im Werk die Dichtgattungen enthalten zu sein, im ersten Satz das Epos, im zweiten der Humor, im dritten die Lyrik, im vierten (die Vermischung aller) das Drama. Wieder ein Anderer legte sich geradezu aufs Loben: ein gigantisches Werk wäre es, kolossal, den ägyptischen Pyramiden vergleichbar. Noch andre malten: die Symphonie stelle die Entstehungsgeschichte des Menschen dar — erst Chaos — dann der Ruf der Gottheit: „es werde Licht" — nun ginge die Sonne auf über dem ersten Menschen, der entzückt wäre über solche Herrlichkeit — kurz, das ganze erste Kapitel des Pentateuchs sei sie.

Ich ward toller und stiller. Und wie sie eifrig nachlasen und endlich klatschten, da packte ich Eusebius beim Arm und zog ihn die hellen Treppen hinunter mit ringsum lächelnden Gesichtern."

³¹) B. S. 41.
³²) B. S. 87; GS. II, S. 240; vgl. den Brief Liszts W. S. 317 ff.
³³) JB. S. 185 f.
³⁴) B. S. 50.
³⁵) B. S. 127.
³⁶) Vgl. W. S. 141.
³⁷) Den Entwurf zu einer Sinfonie in C moll erwähnt W. S. 176.
³⁸) B. S. 192.
³⁹) B. S. 57.
⁴⁰) JB. S. 283.
⁴¹) B. S. 105.
⁴²) B. S. 211.
⁴³) Nach Mittheilungen von Frau Clara Schumann an Prof. Stumpf (in dessen „Tonpsychologie", I, 411 ff.).
⁴⁴) B. S. 249.
⁴⁵) JB. S. 133.
⁴⁶) B. S. 187.
⁴⁷) B. S. 270.
⁴⁸) B. S. 258.
⁴⁹) W. S. 224.
⁵⁰) Vgl. O. Berggrün: „Schumann révolutionnaire", im „Ménestrel" (Paris, Heugel et Cie.), 67. Jahrgang, No. 27.
⁵¹) B. S. 257.
⁵²) Vgl. den Brief an Dr. Härtel vom 28. Juli 1849 (B. S. 264 ff.).
⁵³) B. S. 265.
⁵⁴) B. S. 250.
⁵⁵) B. S. 276.
⁵⁶) Sehr ausführlich spricht sich Schumann über seine Intentionen in einem Brief vom 14. Febr. 1851 aus, B. S. 283 f.
⁵⁷) Gegenüber Wasielewski, der S. 268 von einer Enthebung Schumanns von seiner Stellung spricht, betont seinen freiwilligen Rücktritt Clara Schumann in einem Briefe an Ed. Hanslick (Aus neuer und neuester Zeit, Berlin 1900, S. 320 ff.).

[58]) B. S. 331.
[59]) B. S. 324.
[60]) Ebenda.
[61]) Ed. Hanslick hat verschiedene ungedruckte Briefe Schumanns aus seiner Krankenzeit veröffentlicht in seinem Buche „Am Ende des Jahrhunderts" (Berlin 1899), S. 317 ff.
[62]) B. S. 10.
[63]) JB. S. 162.
[64]) B. S. 134.
[65]) JB. S. 82.
[66]) Vgl. H. Gehrmann, C. M. von Weber (Berlin, Harmonie, 1899) S. 55 f.
[67]) JB. S. 187.
[68]) Ebenda.
[69]) B. S. 148.
[70]) JB. S. 279.
[71]) JB. S. 306.
[72]) GS. I, 26.
[73]) B. S. 24.
[74]) B. S. 29.
[75]) Vgl. z. B. Flegeljahre (Reklam-Ausgabe) II 27, 96, 237, Titan I 72, 91, 150.
[76]) JB. S. 166 f.
[77]) B. S. 35.
[78]) GS. I, 149.
[79]) GS. II, 113.
[80]) Die Ballidee spielt auch in den Kritiken eine grosse Rolle, vgl. den „kunsthistorischen Ball beim Redakteur" (GS II, 21 ff.) und namentlich die Ausdeutung von Schuberts „Deutschen Tänzen" (GS. I, 202 ff.), die ganz im Stile der Erläuterungen zu den „Papillons" und dem „Carneval" gehalten ist.
[81]) Dieses Stück spielte Schumann seinem Freunde Töpken unter Schuberts Firma vor, ein Scherz, dessen Gelingen ihm grossen Spass bereitete. W. S. 72.
[82]) Jahrg. 1834, vgl. Schumann GS. I, 327.
[83]) JB. S. 224.
[84]) „Das Ganze hat durchaus keinen Kunstwerth, einzig scheinen mir die vielfachen verschiedenen Seelenzustände von Interesse" B. S. 87. Vgl. JB. S. 198.
[85]) GS. II, 240.
[86]) B. S. 42.
[87]) B. S. 63.
[88]) W. S. 115.
[89]) JB. S. 281.
[90]) JB. S. 303.
[91]) JB. S. 278.
[92]) Von Schumann selbst citirt. JB. S. 303.
[93]) Ueber diese ganze Episode vgl. F. Gustav Jansen in den Grenzboten (Leipzig, Grunow) 1895, IV, S. 320 ff. und der Zeitschrift der Internationalen Musikgesellschaft Jahrg. III, Heft 5, S. 188 ff.
[94]) Jansen, Zeitschr. der JMG. S. 190 f.
[95]) JB. S. 286 f.
[96]) Ebenda. S. 277.
[97]) Ebenda. S. 272.
[98]) Ebenda. S. 274.
[99]) B. S. 98.
[100]) JB. S. 280.
[101]) B. S. 100.
[102]) B. S. 248.
[103]) B. S. 113.

104) JB. S. 299.
105) JB. S. 301.
106) Ebenda S. 309.
107) GS. I, S. XXIII.
108) GS. I, 82.
109) So besingt Schumann ein Concert von Clara Wieck in folgendem Gedicht:
Traumbild am 9. September (1838) Abends.
Concert von C. W.
Von Oben gekommen ein Engelskind
Am Flügel sitzt und auf Lieder sinnt,
Und wie es in die Tasten greift,
Im Zauberringe vorüberschweift
Gestalt an Gestalt
Und Bild nach Bild,
Erlkönig alt
Und Mignon mild,
Und trotzige Ritter
Im Waffenflitter,
Und kniende Nonne
In Andachtwonne.
Die Menschen, die's hörten, die haben getobt,
Als wär's eine Sängerin hochgelobt;
Das Engelskind aber unverweilt
Zurück in seine Heimath eilt.
(S. GS. II, 133 ff.) F. u. E.

110) Die reizvollsten Beispiele von Schumanns Novellistik sind die „Schwärmbriefe" (GS. I, 159 ff.), die die ersten von Mendelssohn geleiteten Gewandhaus-Konzerte behandeln. Gerichtet sind sie an „Chiara in Mailand", d. h. Clara Wieck, damals in Dresden. Es sei hier ein Abschnitt aus diesen Briefen (vom Jahr 1835) angeführt, der Clara Wiecks Clavierkonzert in A moll behandelt:

„— — — Das erste, was wir hörten, flog wie ein junger Phönix vor uns auf, der nach oben flatterte. Weisse sehnende Rosen und perlende Lilienkelche neigten hinüber, und drüben nickten Orangeblüthen und Myrthen, und dazwischen streckten Erlen und Trauerweiden ihre melancholischen Schatten aus: mitten drin aber wogte ein strahlendes Mädchenantlitz und suchte sich Blumen zum Kranz. Ich sah oft Kähne kühn über den Wellen schweben, und nur ein Meistergriff am Steuer, ein straffgezogenes Segel fehlte, dass sie so siegend und schnell als sicher über die Wogen durchschnitten; so hört' ich hier meine Gedanken, die oft nicht die rechten Dolmetscher gewählt hatten, um in ihrer ganzen Schöne zu glänzen, aber der feurige Geist, der sie trieb, und die Sehnsucht, die sie steuerte, strömte sie endlich sicher zum Ziel. Nun zog ein junger Sarazenenheld heran wie eine Oriflamme, mit Lanze und Schwert, und tournirte, dass es eine Lust war, und zuletzt hüpfte ein französischer Elegant herbei und die Herzen hiengen an . . . . .

So weit Euseb. Ich [d. h. der Schreiber Serpentin, Pseudonym für Carl Banck] fand ihn gestern Abend mit dem Kopfe auf diesem Blatte liegen und fest schlafen; zum Malen und Küssen sah er aus, also träumte er von Zilia's [= Clara Wiecks] Concert, von dem er Euch schreiben gewollt, noch einmal nach. Wir schicken Euch den ganzen Zettel mit. Lacht nur nicht beim Konzert für 3 Klaviere vom alten Sebastian, das Zilia mit dem Meritis [= Mendelssohn] und dem sanften Davidsbündler Walt [= Pianist L. Rakemann aus Bremen, später in Amerika] gespielt, sondern seid wie Florestan, der dazu meinte: da wird es einem recht klar, welcher Lump man ist."

111) Vergl. z. B. die überaus lebendige Schilderung, mit der die Tanzlitteratur GS. I. S. 200 ff. abgehandelt wird.

112) Ueberaus witzig ist die Art und Weise, wie J. Brandl's Monodrama „Hero" behandelt wird:

"Mir träumte, Publikum, ich sähe auf einem lustigen Jahrmarkt zu Esslingen zum Fenster hinaus. Flatternde Bänder, Pfefferkuchenbuden, herauslangende Verkäuferinnen, Affen auf Kameelen, Trommel und Papagenopfeife — alles liefe wirr durcheinander. Am meisten beschäftigte mich ein alter Kerl mit einem grossen Bild auf einer Stange, der die Bauernjungen haranguirte, einen aber, der ihn sehr zupfte, von hinten am Kragen fasste und in Kürze durchprügelte. Es war dies nur ein Vorspiel zur Geschichte. Denn ernsthaft holte er aus im überrheinischen Dialekt, den ich verhochdeutsche: „Schauet da auf der grossen, schönen Tafel eine seltsame Liebesgeschichte, die schlecht ablief — schauet da die Mademoiselle im rothen Rock, geheissen Hero, wie sie der alte Papa im Frack gewaltig anfährt und schlägt und solche in einen Thurm im Wasser stecken will, weil sie liebet einen Andern, den sie nicht soll — alles sehr gut gemacht ganz nach der Natur. Hier schauet nun, wie sie sitzt auf dem Thurm im Wasser und Strümpfe stopft, niedergeschlagen, da sie nicht lieben soll, den sie will." So giengs eintönig fort bis zum Schluss, wo er mit etwas Nass auf den grauen Backen schrie: „Also sind ertrunken Hero und Leandros, die sich sehr liebeten". Der Jahrmarkt war sichtlich gerührt. Als ich aber aufwachte, hatt' ich merkwürdigerweise die 32. und letzte Seite in der Hand.

F—n."

113) GS. I, 296.
114) B. S. 143.
115) B. S. 160.
116) GS. II, 376, vgl. I, 281.
117) GS. II, 446.
118) GS. I, 283.
119) GS. II, 448.
120) GS. II, 427.
121) GS. II, 374.
122) Eine lesenswerte Studie über Schumanns Komposition der „Dichterliebe" giebt R. Duval in der Rivista Musicale Italiana (Turin, Gebr. Bocca), Jahrgang 8, 1901, Fascic. 3.
123) „Der geistlichen Musik die Kraft zuzuwenden bleibt ja wohl das höchste Ziel des Künstlers. Aber in der Jugend wurzeln wir Alle ja noch so fest in der Erde mit ihren Freuden und Leiden; mit dem höhern Alter streben wohl auch die Zweige höher. Und so hoffe ich, wird auch diese Zeit meinem Streben nicht zu fern mehr sein." B. S. 281 f.
124) B. S. 192.
125) B. S. 293.
126) B. S. 299.
127) JB. S. 193.
128) B. S. 180.
129) Brief Schumanns an Spohr vom 23. Nov. 1842, s. Erler, Schumanns Leben, Berlin, Ries und Erler, 1887. I 290.
130) Widmungsblatt Schumanns an den Dichter (Leipziger Stadtbibliothek). „Frühlings-Symphonie" nennt er sie B. S. 172.
131) So lautet die Bemerkung auf dem Autograph des Werkes, im Besitz von Prof. J. Joachim.
132) B. S. 254.
133) B. S. 194.
134) JB. S. 297.
135) B. S. 253.
136) Vgl. hierzu besonders Ed. Hanslick, Robert Schumann als Opernkomponist, Moderne Oper I. Teil, S. 256 ff.
137) Vgl. die eingehende Analyse von H. Rietsch in seiner „Tonkunst in der zweiten Hälfte des 19. Jahrhunderts" (Leipzig, Breitkopf und Härtel 1900).
138) Brief Schumanns an F. Liszt vom 10. Aug. 1849.
139) Eine lesenswerte Broschüre über Schumanns Faustmusik ist: A. Boutarel, La vraie Marguerite (Paris, Heugel et Cie) 1900.

ANHANG II.

Verzeichniss der Werke R. Schumanns nach der Opuszahl
mit Angabe von Schumann's Verlegern und dem Jahr der Komposition.

op. 1. Thème sur le nom Abegg varié pour le Pianoforte. Leipzig, Kistner. 1830.
op. 2. Papillons pour le Pianoforte seul. Leipzig, Kistner. 1829—31.
op. 3. Studien für das Pianoforte, nach Capricen von Paganini bearbeitet. Leipzig, Hofmeister. 1832.
op. 4. Intermezzi per il Pianoforte. Leipzig, Hofmeister. 1832.
op. 5. Impromptus über ein Thema von Clara Wieck. Leipzig, Hofmeister. 1833.
op. 6. Davidsbündlertänze für das Pianoforte. Leipzig, R. Friese. 1837.
op. 7. Toccata pour le Pianoforte. Leipzig, Hofmeister. 1830 (1833).
op. 8. Allegro pour le Pianoforte. Leipzig, R. Friese. 1831.
op. 9. Carnaval. Scènes mignonnes composées pour le Pianoforte sur quatre notes. Leipzig, Breitkopf und Härtel. 1834—35.
op. 10. VI Études de concert pour le Pianoforte composées d'après des caprices de Paganini. Leipzig, Hofmeister. 1833.
op. 11. Grande Sonate pour le Pianoforte. Leipzig, Kistner. 1835.
op. 12. Phantasiestücke für das Pianoforte. Leipzig, Breitkopf und Härtel. 1837.
op. 13. Études en forme de Variations (XII Études symphoniques) pour le Pianoforte. Leipzig, J. Schuberth u. Co. 1834.
op. 14. Troisième Grande Sonate (Concert sans Orchestre) pour le Pianoforte. Leipzig, Schuberth u. Co. 1835—36 (1853).
op. 15. Kinderszenen. Leichte Stücke für das Pianoforte. Leipzig, Breitkopf u. Härtel. 1838.
op. 16. Kreisleriana. Phantasieen für das Pianoforte. Leipzig, G. Heinze. 1838.
op. 17. Phantasie (C dur) für das Pianoforte. Leipzig, Breitkopf und Härtel. 1836.
op. 18. Arabeske für das Pianoforte. Wien, C. A. Spina. 1839.
op. 19. Blumenstück für das Pianoforte. Wien, C. A. Spina. 1839.
op. 20. Humoreske für das Pianoforte. Wien, C. A. Spina. 1839.
op. 21. Novelletten für das Pianoforte. Leipzig, Breitkopf und Härtel. 1838.
op. 22. Sonate No. II für das Pianoforte. Leipzig, Breitkopf und Härtel. 1835—38.
op. 23. Nachtstücke für das Pianoforte. Wien, C. A. Spina. 1839.
op. 24. Liederkreis von H. Heine für eine Singstimme und Pianoforte. Leipzig, Breitkopf und Härtel. 1840.
op. 25. Myrthen. Für Gesang und Pianoforte. Leipzig, Kistner. 1840.

op. 26. Faschingsschwank aus Wien. Phantasiebilder für das Pianoforte. Wien, C. A. Spina. 1839.
op. 27. Lieder und Gesänge (Heft I) für eine Singstimme mit Begleitung des Pianoforte. Leipzig, F. Whistling. 1840.
op. 28. Drei Romanzen für das Pianoforte. Leipzig, Breitkopf und Härtel. 1839.
op. 29. Drei Gedichte von Em. Geibel für mehrstimmigen Gesang mit Begleitung des Pianoforte. Leipzig, Breitkopf und Härtel. 1840.
op. 30. Drei Gedichte von Em. Geibel für eine Singstimme mit Begleitung des Pianoforte. Berlin, Bote und Bock. 1840.
op. 31. Drei Gesänge (A. v. Chamisso). Leipzig, Schuberth u. Co. 1840.
op. 32. Vier Klavierstücke. Scherzo, Gigue, Romanze und Fughette. Leipzig, Schuberth u. Co. 1838—39.
op. 33. Sechs Lieder für 4stimmigen Männergesang. Leipzig, Schuberth u. Co. 1840.
op. 34. Vier Duette für Sopran und Tenor mit Begleitung des Pianoforte. Leipzig, C. A. Klemm. 1840.
op. 35. Zwölf Gedichte von Justinus Kerner für eine Singstimme mit Begleitung des Pianoforte. Leipzig, C. A. Klemm. 1840.
op. 36. Sechs Gedichte eines Malers von Reinick für Sopran oder Tenor mit Begleitung des Pianoforte. Leipzig, Schuberth u. Co. 1840.
op. 37. Zwölf Gedichte aus F. Rückerts Liebesfrühling für Gesang und Pianoforte von Robert und Clara Schumann. Leipzig, Breitkopf und Härtel. 1840. (No. 2, 4 und 11 = Clara Schumann op. 12.)
op. 38. Symphonie (No. 1 B dur) für grosses Orchester. Leipzig, Breitkopf u. Härtel. 1841.
op. 39. Liederkreis. 12 Gesänge von J. v. Eichendorff für eine Singstimme mit Begleitung des Pianoforte Leipzig, Gust. Heinze. 1840.
op. 40. Fünf Lieder aus dem Dänischen und Neugriechischen für eine Singstimme mit Pianoforte. Leipzig, Schuberth u. Co. 1840.
op. 41. Drei Quartette für 2 Violinen, Bratsche und Violincell. Leipzig, Breitkopf u. Härtel. 1842.
op. 42. Frauenliebe und Leben (A. v. Chamisso) für eine Singstimme mit Begleitung des Pianoforte. Leipzig, G. Heinze. 1840.
op. 43. Drei zweistimmige Lieder mit Begleitung des Pianoforte. Berlin, N. Simrock. 1840.
op. 44. Quintett für Pianoforte, 2 Violinen, Viola und Violoncello. Leipzig, Breitkopf und Härtel. 1842.
op. 45. Romanzen und Balladen (Heft I) für eine Singstimme mit Begleitung des Pianoforte. Leipzig, Whistling. 1840.
op. 46. Andante und Variationen für 2 Pianofortes. Leipzig, Breitkopf und Härtel. 1843.
op. 47. Quartett für Pianoforte, Violine, Viola und Violoncello. Leipzig, G. Heinze. 1842.
op. 48. Dichterliebe (H. Heine) für eine Singstimme mit Begleitung des Pianoforte. Leipzig, C. F. Peters. 1840.
op. 49. Romanzen und Balladen (Heft II. s. op. 45). Leipzig, G. Heinze. 1840.
op. 50. Das Paradies und die Peri. Dichtung aus Lalla Rookh von Th. Moore, für Solostimmen, Chor und Orchester. Leipzig, Breitkopf und Härtel. 1843.
op. 51. Lieder und Gesänge (Heft II, s. op. 27). Leipzig, Whistling. 1842.
op. 52. Ouverture, Scherzo und Finale für Orchester. Leipzig, Kistner. 1841.
op. 53. Romanzen und Balladen (Heft III, s. op. 45). Leipzig, Whistling. 1840.
op. 54. Concert für das Pianoforte mit Begleitung des Orchesters. Leipzig, Breitkopf und Härtel. 1841 (S. I) und 1845 (S. II u. III).
op. 55. Fünf Lieder von Rob. Burns für gemischten Chor. Leipzig, G. Heinze. 1846.
op. 56. Studien für den Pedalflügel. Leipzig, Whistling. 1845.
op. 57. Belsatzar. Ballade von Heine für eine Singstimme mit Begleitung des Pianoforte. Leipzig, Edm. Stoll. 1840.
op. 58. Skizzen für den Pedalflügel. Leipzig, Kistner. 1845.
op. 59. Vier Gesänge für gemischten Chor. Leipzig, G. Heinze. 1846.

op. 60. Sechs Fugen über den Namen BACH für Orgel oder Pianoforte mit Pedal. Leipzig, Heinze. 1845.

op. 61. Zweite Symphonie (C dur) für grosses Orchester. Leipzig, Whistling. 1845—46.

op. 62. Drei Gesänge für Männerchor. Leipzig, Whistling. 1847.

op. 63. Trio (D moll) für Pianoforte, Violine und Violoncell. Leipzig, Breitkopf und Härtel. 1847.

op. 64. Romanzen und Balladen (Heft IV. s. op. 45). Leipzig, Whistling. 1841 und 1847 (No. 1 u. 2).

op. 65. Ritornelle von Friedrich Rückert in kanonischen Weisen für vierstimmigen Männergesang. Leipzig, Breitkopf und Härtel. 1847.

(op. 65. Aus der Sammlung Malherbe in Paris:

Drei Männerchöre:
„Zu den Waffen (Titus Ulrich)
„Schwarz-Roth-Gold" (K. Freiligrath)
„Freiheitsgesang" (F. Fürst) 1848, s. Seite 40 f.
} mit Begleitung von Harmoniemusik (ad libitum).)

op. 66. Bilder aus Osten. Sechs Impromptus für das Pianoforte zu vier Händen. Leipzig, Kistner. 1848.

op. 67. Romanzen und Balladen für Chor (Heft I). Leipzig, Whistling. 1849.

op. 68. Album für die Jugend. 40 Klavierstücke. Leipzig, Schuberth und Co. 1848.

op. 69. Romanzen für Frauenstimmen (Heft I) mit willkürlicher Begleitung des Pianoforte. Bonn, N. Simrock. 1849.

op. 70. Adagio und Allegro für Pianoforte und Horn (ad libitum Violoncell oder Violine). Leipzig, Kistner. 1849.

op. 71. Adventlied von Friedrich Rückert für Sopran-Solo und Chor mit Begleitung des Orchesters. Leipzig, Breitkopf und Härtel. 1848.

op. 72. Vier Fugen für das Pianoforte. Leipzig, Whistling. 1845.

op. 73. Phantasiestücke für Pianoforte und Klarinette (ad libitum Violine oder Violoncell). Cassel, C. Luckhardt. 1849.

op. 74. Spanisches Liederspiel für eine und mehrere Singstimmen (Sopran, Alt, Tenor und Bass) mit Begleitung des Pianoforte. Leipzig, Kistner. 1849.

op. 75. Romanzen und Balladen für Chor (Heft II, s. op. 67). Leipzig, Whistling. 1849.

op. 76. Vier Märsche für das Pianoforte. Leipzig, Whistling. 1849.

op. 77. Lieder und Gesänge (Heft III, s. op. 27). Leipzig, Whistling. 1840 (Nr. 1 und 4) und 1850 (Nr. 2, 3 und 5).

op. 78. Vier Duette für Sopran und Tenor mit Begleitung des Pianoforte. Cassel, C. Luckhardt. 1849.

op. 79. Lieder-Album für die Jugend. Leipzig, Breitkopf und Härtel. 1849.

op. 80. Zweites Trio (F dur) für Pianoforte, Violine und Violoncell. Leipzig, Schuberth und Co. 1847.

op. 81. Genoveva. Oper in 4 Akten nach Tieck und F. Hebbel. Leipzig, C. F. Peters. 1847—48.

op. 82. Waldscenen. Neun Klavierstücke. Leipzig, Barthol Senff. 1848—49.

op. 83. Drei Gesänge für eine Singstimme mit Begleitung des Pianoforte. Leipzig, Schuberth und Co. 1850.

op. 84. Beim Abschied zu singen (E. v. Feuchtersleben) für Chor mit Begleitung von 2 Flöten, 2 Oboen, 2 Klarinetten, 2 Fagotten, 2 Hörnern oder des Pianoforte. Leipzig, Whistling. 1847.

op. 85. Zwölf vierhändige Klavierstücke für kleine und grosse Kinder. Leipzig, Schuberth und Co. 1849.

op. 86. Konzertstück für 4 Hörner und grosses Orchester. Leipzig, Schuberth und Co. 1849.

op. 87. Der Handschuh. Ballade von F. Schiller für eine Singstimme mit Begleitung des Pianoforte. Leipzig, Whistling. 1850.

op. 88. Phantasiestücke für Pianoforte, Violine und Violoncell. Leipzig, Kistner. 1842.

- op. 89. Sechs Gesänge von Wilfried von der Neun für eine Singstimme mit Begleitung des Pianoforte. Leipzig, Kistner. 1840.
- op. 90. Sechs Gedichte von N. Lenau und Requiem (altkatholisches Gedicht) für eine Singstimme mit Begleitung des Pianoforte. Leipzig, Kistner. 1850.
- op. 91. Romanzen für Frauenstimmen (Heft II, s. op. 69). Bonn, N. Simrock. 1849.
- op. 92. Introduction und Allegro appassionato. Konzertstück für das Pianoforte mit Begleitung des Orchesters. Leipzig, Breitkopf und Härtel. 1849.
- op. 93. Motette „Verzweifle nicht" von F. Rückert für doppelten Männerchor mit Begleitung der Orgel (ad libitum). Leipzig, Whistling. 1849.
- op. 94. Drei Romanzen für Oboe, ad libitum Violine oder Klarinette, mit Begleitung des Pianoforte. Bonn, N. Simrock. 1849.
- op. 95. Drei Gesänge aus Lord Byron's hebräischen Gesängen für eine Singstimme mit Begleitung der Harfe oder des Pianoforte. Bonn, N. Simrock. 1849.
- op. 96. Lieder und Gesänge (Heft IV, s. op. 27). Leipzig, Whistling. 1850.
- op. 97. Dritte Symphonie (Es dur) für grosses Orchester. Bonn, N. Simrock. 1850.
- op. 98. Lieder, Gesänge und Requiem für Mignon aus Goethe's Wilhelm Meister. I. Abteilung (op. 98 a). Lieder Mignon's, des Harfners und Philinens für eine Singstimme mit Begleitung des Pianoforte. II. Abteilung (op. 98 b). Requiem für Mignon für Chor, Solostimmen und Orchester. Leipzig, Breitkopf und Härtel. 1849.
- op. 99. Bunte Blätter. 14 Stücke für das Pianoforte. Elberfeld, F. W. Arnold. 1836, 1838, 1839, 1841, 1843, 1849.
- op. 100. Ouvertüre zur Braut von Messina von Schiller für grosses Orchester. Leipzig, C. F. Peters. 1850-51.
- op. 101. Minnespiel aus F. Rückert's Liebesfrühling für eine und mehrere Singstimmen (Sopran, Alt, Tenor und Bass) mit Begleitung des Pianoforte. Leipzig, Whistling. 1849.
- op. 102. Fünf Stücke im Volkston für Violoncell (ad libitum Violine) und Pianoforte. Cassel, Luckhardt. 1849.
- op. 103. Mädchenlieder vor E. Kulmann für 2 Sopranstimmen (oder Sopran und Alt) mit Begleitung des Pianoforte. Leipzig, Kistner. 1851.
- op. 104. Sieben Lieder von E. Kulmann für eine Singstimme mit Begleitung des Pianoforte. Leipzig, Kistner. 1851.
- op. 105. Sonate (A moll) für Pianoforte und Violine. Leipzig, Hofmeister. 1851.
- op. 106. Schön Hedwig. Ballade von F. Hebbel für Deklamation mit Begleitung des Pianoforte. Leipzig, Barth. Senff. 1849.
- op. 107. Sechs Gesänge für eine Singstimme mit Begleitung des Pianoforte. Cassel, Luckhardt. 1851—52.
- op. 108. Nachtlied von F. Hebbel für Chor und Orchester. Bonn, N. Simrock. 1849.
- op. 109. Ballszenen. 9 charakteristische Tonstücke für das Pianoforte zu 4 Händen. Leipzig, Schuberth und Co. 1851.
- op. 110 Drittes Trio (G moll) für Pianoforte, Violine und Violoncell. Leipzig, Breitkopf und Härtel. 1851.
- op. 111. Drei Phantasiestücke für Pianoforte. Leipzig, C. F. Peters. 1851.
- op. 112. Der Rose Pilgerfahrt. Märchen nach einer Dichtung von Moritz Horn für Solostimmen, Chor und Orchester. Leipzig, Kistner. 1851.
- op. 113. Märchenbilder. Vier Stücke für Pianoforte und Viola (Violine ad libitum). Cassel, Luckhardt. 1851.
- op. 114. Drei Lieder für 3 Frauenstimmen mit Begleitung des Pianoforte. Bonn, N. Simrock. 1853.
- op. 115. Manfred. Dramatisches Gedicht in 3 Abteilungen. Leipzig, Breitkopf und Härtel. 1848—49.
- op. 116. Der Königssohn, Ballade von L. Uhland für Solostimmen, Chor und Orchester. Leipzig, Whistling. 1851.
- op. 117. Vier Husarenlieder (Lenau) für eine Baritonstimme mit Begleitung des Pianoforte. Leipzig, Senff. 1851.

op. 118. Drei Klaviersonaten (G, D und C dur) für die Jugend. Leipzig, Schuberth. 1853.
op. 119. Drei Gedichte aus den Waldliedern von S. Pfarrius für eine Singstimme mit Begleitung des Pianoforte. Leipzig, Schuberth. 1851.
op. 120. Sinfonie Nr. 4 (D moll) für grosses Orchester. Leipzig, Breitkopf und Härtel. 1841 (umgearb. 1851).
op. 121. Zweite grosse Sonate für Violine und Pianoforte (D moll). Leipzig, Breitkopf und Härtel. 1851.
op. 122. 1) Ballade vom Haideknaben (Hebbel) 2) Die Flüchtlinge, Ballade (Shelley) } für Deklamation mit Begleitung des Pianoforte. Leipzig, Senff. 1852.
op. 123. Fest-Ouvertüre mit Gesang über das Rheinweinlied für Orchester und Chor. Bonn, N. Simrock. 1853.
op. 124. Albumblätter. 20 Klavierstücke. Elberfeld. F. W. Arnold. 1832—45.
op. 125. Fünf heitere Gesänge für eine Singstimme mit Begleitung des Pianoforte. Leipzig' Schuberth. 1851.
op. 126. Sieben Klavierstücke in Fughettenform. Elberfeld, F. W. Arnold. 1853.
op. 127. Lieder und Gesänge von Kerner, Heine, Strachwitz und Shakespeare, für eine Singstimme mit Begleitung des Pianoforte. Leipzig, G. Heinze. 1850—51.
op. 128. Ouverture zu Shakespeare's Julius Cäsar für grosses Orchester. Braunschweig, H. Litolff. 1851.
op. 129. Konzert (A moll) für Violoncell mit Begleitung des Orchesters. Leipzig, Breitkopf und Härtel. 1850.
op. 130. Kinderball. Sechs leichte Tanzstücke zu 4 Händen für das Pianoforte. Leipzig, Breitkopf und Härtel. 1853.
op. 131. Phantasie für Violine mit Begleitung des Orchesters oder Pianoforte. Leipzig, Kistner. 1853.
op. 132. Märchenerzählungen. Vier Stücke für Klarinette (ad libitum Violine), Viola und Pianoforte. Leipzig, Breitkopf und Härtel. 1853.
op. 133. Gesänge der Frühe. Fünf Stücke für das Pianoforte. Elberfeld, Arnold. 1853.
op. 134. Konzert-Allegro mit Introduktion für das Pianoforte mit Begleitung des Orchesters. Leipzig, Senff. 1853.
op. 135. Gedichte der Königin Maria Stuart. Leipzig, C. F. W. Siegel. 1852.
op. 136. Ouvertüre zu Goethe's Hermann und Dorothea für Orchester. Leipzig, Rieter-Biedermann. 1851.
op. 137. Jagdlieder (H. Laube). Fünf Gesänge für 4 stimmigen Männerchor. Leipzig, Rieter-Biedermann. 1849.
op. 138. Spanische Liebeslieder für eine oder mehrere Stimmen (Sopran, Alt, Tenor und Bass) mit Begleitung des Pianoforte zu 4 Händen. Leipzig, Rieter-Biedermann. 1849.
op. 139. Des Sängers Fluch, Ballade (Uhland-Pohl) für Solostimmen, Chor und Orchester. Elberfeld, Arnold. 1852.
op. 140. Vom Pagen und der Königstochter. Vier Balladen (Geibel) für Solostimmen, Chor und Orchester. Leipzig, Rieter-Biedermann. 1852.
op. 141. Vier doppelchörige Gesänge. Leipzig, Kistner. 1849.
op. 142. Vier Gesänge für eine Singstimme mit Begleitung des Pianoforte. Leipzig, Rieter-Biedermann. 1852.
op. 143. Das Glück von Edenhall, Ballade (Uhland-Hasenclever) für Männerstimmen, Soli, Chor und Orchester. Leipzig, Rieter-Biedermann. 1853.
op. 144. Neujahrslied von Fr. Rückert, für Chor mit Begleitung des Orchesters. Leipzig, Rieter-Biedermann. 1849.
op. 145. Romanzen und Balladen für Chor (Heft III, s. op. 67). Elberfeld. Arnold. 1849.
op. 146. Romanzen und Balladen für Chor (Heft IV, s. op. 67). Elberfeld, Arnold. 1849.
op. 147. Messe für 4 stimmigen Chor mit Begleitung des Orchesters. Leipzig, Rieter-Biedermann. 1852.
op. 148. Requiem für Chor und Orchester. Leipzig, Rieter-Biedermann. 1852.

Werke ohne Opuszahl.

1. Scenen aus Göthe's Faust für Solostimmen, Chor und Orchester. Leipzig, Peters. 1844, 48, 49, 50 und 53.
2. Der deutsche Rhein (Nik. Becker) für eine Singstimme und Chor mit Begleitung des Pianoforte. Leipzig Schuberth & Co. 1840.
3. Soldatenlied für eine Singstimme mit Begleitung des Pianoforte.
4. Scherzo und Presto für Pianoforte.
5. Kanon über „An Alexis".
6. Klavierbegleitung zu den 6 Violinsonaten von J. S. Bach. 1853.

Verbesserungen.

S. 32 Z. 4 v. u. lies op. 38 statt op. 35.
S. 38 Z. 14 v. o. lies 144 statt 114.
S. 43 Z. 7 v. u. lies A moll-Konzert statt Konzertstück.
S. 54 Z. 10 v. u. lies op. 13 statt 12.
S. 76 Z. 3 v. u. lies: „so zum Beispiel in der Begleitung von Uhlands „Schifflein" (Flöte und Horn)."

www.ingramcontent.com/pod-product-compliance
Lightning Source LLC
Chambersburg PA
CBHW032105300426
44116CB00007B/896